当代中国口述史
Oral History in Contemporary China

我所知道的
十一届三中全会

WO SUO ZHIDAO DE
SHIYI JIE SANZHONG QUANHUI

朱佳木 著

当代中国出版社
Contemporary China Publishing House

图书在版编目（CIP）数据

我所知道的十一届三中全会 / 朱佳木著 . -- 2 版
（修订本）. -- 北京：当代中国出版社，2018.12（2025.1 重印）
（当代中国口述史系列）
ISBN 978-7-5154-0887-3

Ⅰ . ①我⋯ Ⅱ . ①朱⋯ Ⅲ . ①中国共产党十一届三中
全会（1978）－史料 Ⅳ . ① D220

中国版本图书馆 CIP 数据核字（2018）第 255814 号

出 版 人 蔡继辉
责任编辑 宋卫云
责任校对 康 莹
印刷监制 刘艳平
封面设计 古涧千溪
出版发行 当代中国出版社
地 址 北京市地安门西大街旌勇里 8 号
网 址 http://www.ddzg.net
邮政编码 100009
编 辑 部 （010）66572264
市 场 部 （010）66572281 66572157
印 刷 北京润田金辉印刷有限公司
开 本 720 毫米 × 1020 毫米 1/16
印 张 13.25 印张 1 插页 插图 49 幅 140 千字
版 次 2018 年 12 月第 2 版
印 次 2025 年 1 月第 4 次印刷
定 价 69.00 元

出版说明

现代史学越来越不满足于文献资料，而求索于人们的记忆。于是，口述史于20世纪40年代在西方勃然兴起，20世纪80—90年代引起中国史学界的关注。口述史让历史的参与者直接对"历史"说话，不仅可以弥补文献资料的不足，而且使历史更加鲜活、生动。口述方法更是当代史研究的重要方法之一，因为许多事件的当事人健在，他们能从不同方面、不同角度生动地诉说自己参与的那段历史。

新中国的诞生、发展、强盛，谱写了中华民族五千年文明史中最为壮丽辉煌的篇章，对当代中国史的研究是一项应大力加强的工作。毫无疑问，参与共和国重大事件决策的老同志的记忆对于国史研究具有特别重大的意义，他们年事已高，自己动手困难，访谈并整理他们的口述，成为十分紧迫而带有抢救性的工作。作为国史研究专门机构的当代中国研究所建立伊始，就十分重视口述史料的搜集和整理，并由《当代中国史研究》杂志陆续发表了一些口述史方面的成果。我们意在将这些成果汇集出版，并由此进一步萌发出版《当代中国口述史》丛书的想法，以此汇集和整理亲历者记述当代中国史的资料。在酝酿这套丛书过程中，我们发现：有些亲历者可以自己动手撰写，有些亲历者生前对其亲人讲述过自己所亲历的事件或与一些要人交往的情形，其亲人以回忆的形式述出。很显然，这些记述都是十分宝贵的当代中国史资料，因此，我们也将它们收入这套丛书中。

《当代中国口述史》丛书的首要宗旨是存史，为当代中国史研究者提供可信的史料。而史料的生命在于真实性。因此，丛书所收以亲历者的叙述为主体，无论是口述、自述，还是回忆录，都必须是亲历者作为事件的当事人、决策者或参与者对事件的叙述；而且必须是以严肃、认真、实事求是的态度来叙述。当然，完全避免情感的因素不仅不可能，而且会使之失去鲜活性。但情感的倾诉应限制在合理的范围。如果是对口述的整理，整理者应对事件背景有必要的了解，要对关键的情节、关键的人物以及时间、地点作必要的查证。同时，要理顺叙事逻辑。文采不求飞扬，但必须成诵。

这项工作既已开始，就要扎扎实实做下去。亲历的内容十分丰富，政治、经济、文化、社会、军事、外交及个人生活史、家族史都可涵盖；亲历者可以是党政各级领导干部和工作人员，也可以是普通老百姓，总之，工、农、兵、学、商都可以成为本丛书的作者。他们从不同层次、不同角度叙述当代中国的历史，可以记录下一个比较真实的当代，对于丰富国史内容，弄清历史真相，总结历史经验，资政育人，都是大有裨益的。

我们希望本丛书能够成为当代中国史研究者的资料库，成为各级领导干部增益智慧的智囊团，成为关心共和国成长和命运的中国公民的图书馆。

当代中国出版社编辑部

目录

　　1975 年邓小平复出抓整顿，决定成立国务院政治研究室，由胡乔木牵头。在"批邓、反击右倾翻案风"中，政研室被"四人帮"指为"邓记谣言公司"、"翻案风的黑风口"。

　　"四人帮"粉碎后，出现"两个凡是"的方针，政研室不仅不能恢复工作，反被勒令撤销。

　　直到邓小平再次复出，政研室才得以保留，胡乔木被任命为新成立的中国社会科学院院长和改名后的国务院研究室主任，并出席了十一届三中全会及此前的中央工作会议。

　　十一届三中全会实现了建国以来我们党的历史上具有深远意义的伟大转折。但全会前的中央工作会议原定议题和全会要解决的问题，都不是后来全会公报说的主要内容。这个变化是偶然的、突然的，还是必然的、或迟或早总会发生的？

（一）关于确定全党工作重点的转移

019

早在 1975 年，邓小平提出"以三项指示为纲"，实质是要以经济建设为中心。邓小平再次复出后，在东北等地"点火"，提出把揭批"四人帮"的斗争进行到底的"底"在哪里的问题，实质仍然是要把党的工作重点转移到经济建设上来。

在中央工作会议期间，中央决定全党工作重点转移。胡乔木针对当时中央主要负责人关于重点转移是国内国际形势需要的说法，指出这个理由不妥。

（二）关于要求对经济体制进行认真的改革

033

三中全会前，党内高层对改革开放政策的酝酿已相当成熟。就连"改革"和"开放"这些概念，在邓小平讲话中也已出现。

1978 年夏秋，国务院召开务虚会，李先念在会议总结时提出"计划经济与市场经济相结合"，透露了陈云在 1956 年"三为主、三为辅"设想基础上的进一步思考。

与真理标准问题讨论同时进行的，还有一场关于按劳分配问题的讨论。在邓小平直接支持和指导下，国务院研究室在《人民日报》上以特约评论员名义发表《贯彻执行按劳分配的社会主义原则》一文。它比《光明日报》那篇《实践是检验真理的唯一标准》的特约评论员文章，还早六天。

（三）关于解决重大历史遗留问题

平反冤假错案的工作早在中央工作会议前就开始了。尽管进展缓慢，但毕竟使一大批在"文化大革命"中被打倒的老干部重新走上了领导岗位。这为中央工作会议上力量对比的变化提供了组织保证。

粉碎"四人帮"后，全党全国人民最为关心的天安门事件平反和邓小平复出这两件大事被一拖再拖。陈云与王震等人相约，于1977年3月中央工作会议上提出尽快解决这两个问题。会议简报组要求陈云同意在简报中删去这些话，华国锋为此登门劝说，均遭到他的拒绝。这篇发言虽然没上简报，但却为加快邓小平复出发挥了作用。拨乱反正的序幕由此拉开。

（四）关于肯定真理标准问题讨论和提出健全民主与法制、加强党内民主集中制

最早对"两个凡是"提出批评的和最早阐述毛泽东思想的精髓是实事求是的都是邓小平。陈云、聂荣臻、徐向前等老一辈革命家也纷纷写文章，强调一切从实际出发。在他们的启发和鼓舞下，理论界发起和广泛深入地开展了关于真理标准问题的大讨论。

对于发扬民主、健全法制问题，党内高层在三中全会前也已触及。邓小平对胡乔木等人说："现在关于民主的问题讨论得不够，这个问题很重要，要展开讨论。""领导人说的话就叫做法，不赞成领导人说的话就叫违法，这种状况不能继续下去了。"

邓小平说，粉碎"四人帮"后的两年，为三中全会做了准备。没有那两年的准备，三中全会明确地确立党的思想路线、政治路线，是不可能的。

081
082

三 会议中间的若干情况

（一）关于会议的一般情况和特点

十一届三中全会前的中央工作会议和三中全会都分六个组，但人员构成不完全一样。把两个会合在一起，可以分为三个阶段：11 月 12 日到 25 日是发动阶段，11 月 25 日到 12 月 13 日是深入阶段，12 月 13 日到 22 日是总结阶段。

两个会有三大特点：一是议题中途发生了违反主持人意愿的改变；二是持续时间长；三是气氛热烈、活泼，真正做到了畅所欲言、言无不尽。同时具有以上三个特点的会议，在党史、国史中不是绝无仅有，也是极其少有的。

084

（二）关于会议的大致过程

11 月 10 日下午，中央工作会议开始，华国锋宣布会议议程，并说从明年 1 月起结束揭批"四人帮"运动，把全党工作着重点转移到现代化建设上来；对在运动中没有处理完的某些冤案、错案的平反工作，交由有关机关继续解决。

11 月 12 日，陈云在东北组作题为《坚持有错必纠的方针》的发言，它是中央工作会议上向"左"倾错误开的第一炮，起到了扭转会议方向的关键性作用。

11月15日,《北京日报》刊登中央政治局批准的北京市委关于1976年广大群众到天安门广场悼念周总理、声讨"四人帮"完全是革命行动的决定。第二天,《人民日报》发表题为《天安门事件完全是革命行动》的新华社通稿。

11月25日,华国锋代表政治局宣布,对天安门事件、"二月逆流"问题、薄一波等"六十一人叛徒集团"案、彭德怀问题、陶铸问题、杨尚昆问题予以平反,有关"反击右倾翻案风"的文件予以撤销,康生、谢富治问题交由中央组织部予以审理。当天下午,中央政治局常委在听取北京市委和团中央汇报天安门事件平反后社会反应的情况时发表讲话,主要是邓小平讲。从这以后,中央工作的主导权逐渐由华国锋转到邓小平手中。

12月1日,中央政治局常委召集部分大军区司令员和省委第一书记开会,邓小平说,历史问题只能搞粗,不能搞细;对中央人事安排,只能上,不能下;政治局至少加陈云、邓颖超、胡耀邦三人,王震也够格,中央委员也要补选几个。

12月13日,中央工作会议召开闭幕会。邓小平发表的重要讲话实际上是三中全会的主题报告,是开创中国特色社会主义道路的宣言书。华国锋在讲话中检讨了"两个凡是"方针的错误,肯定关于真理标准的讨论,提出今后不要再称"英明领袖",文艺作品也不要再宣传他个人。

12月18日,三中全会开幕。

12 月 22 日晚，三中全会闭幕。陈云当选为中央政治局常委、中纪委第一书记，并发表简单讲话，高度评价三中全会和此前的中央工作会议。

12 月 23 日晚，三中全会公报在各地人民广播电台联播节目中公布。

111 **（三）关于会议讨论最多的几个问题**

1. 关于历史遗留问题。中央工作会议各个组都表示，陈云同志提出的问题是当前干部群众讨论较多、影响全局的问题，希望中央在全党工作着重点转移之前，把这些问题解决好。/ 胡耀邦说：我赞成把"文革"中遗留的一些大是大非搞清楚，这关系安定团结，关系实事求是的作风，关系维护毛主席的旗帜。/ 万里说：陈云同志提出的六个问题要解决，不然人们心里不舒畅。

2. 关于个别中央领导同志的错误问题。因为提出了历史遗留问题和真理标准讨论问题，很自然地联系到解决这些问题为什么会有阻力，阻力来自哪里？/ 大家的意见主要集中在四位政治局委员身上。他们或作了检查，或提出辞职，但中央直到1980 年十一届五中全会才批准他们辞职。

3. 关于真理标准讨论问题。在会议第一阶段，讲这个问题的人不多，对这个问题的热烈讨论在 11 月 25 日之后。它几乎成为会议的中心议题，形成众炮齐轰的局面。/ 受到大家批评的几位宣传口的负责同志，也都程度不同地作了检查。

4. 关于中央人事安排包括宣传领导部门人事调整的问题。代表们谈得最多的意见有三个：第一，汪东兴应辞去各种兼职；第二，陈云应担任中央副主席；第三，胡乔木应负责意识形态工作。也有不少同志谈到胡耀邦、王震应进中央政治局。

143 四 会议文件形成的若干情况

十一届三中全会共形成 12 个文件。其中，胡乔木主持起草或最后改定的有 5 个，即邓小平的重要讲话、全会公报，以及农业问题的决定、叶剑英在中央工作会议闭幕会上的讲话和华国锋在全会闭幕会上的讲话。

145 （一）关于农业发展问题的决定稿

讨论并提交三中全会的加快农业发展速度的决定稿，是中央工作会议的主要议题之一，但代表们普遍对这个稿子不满意。中央决定由胡乔木负责修改。此后，他一边参加会议，一边重写这个文件，最后总算拿出了一个令代表们满意的稿子。

148 （二）关于邓小平在中央工作会议闭幕会上的讲话稿

邓小平的讲话稿早在 1978 年 10 月下旬就由他本人布置胡乔木做准备了。原稿主要围绕工作重点转移问题展开。11 月 19 日，胡乔木按照邓小平 16 日审阅后的意见，再次做了修改。

华国锋在 11 月 25 日宣布了一系列平反决定，尤其天安门事件公开平反后，会场内外形势发生重要变化，使邓小平原来那份讲话稿已不再适用。

针对新的情况，邓小平自己草拟了一份新的讲话提纲，并于12月2日找胡乔木等人谈话，要他们按这份提纲重新起草讲话稿。由于胡乔木正在赶写关于农业问题的决定，所以请国务院研究室同志先按邓小平的意思起草。

邓小平为新的讲话稿共找人谈过四次话，胡乔木参加了三次。初稿写好后，胡乔木至少改过两遍。最后一次修改，在闭幕会之前两小时才脱手。由于时间紧迫，讲话稿被直接送到了邓小平家中。

157 **（三）关于叶剑英在工作会议闭幕会上的讲话稿**

由于会场内外形势的变化，中央党校同志为叶剑英准备的讲话稿也已不适用。叶剑英身边的人为他重新起草了一个稿子，并拿给邓力群修改。

中央工作会议结束后，叶剑英要求讲话稿在印发三中全会前请胡乔木再改一下。

160 **（四）关于全会公报稿**

中央工作会议临近结束时，华国锋约胡乔木谈话，请他主持重新起草已由中办研究室写好的全会公报稿。胡乔木说，公报要真正反映出这个会是历史上的重大转折。要使人们看到我们纠正了错误，同时又提高了党的威信，看到我们党是有希望的，从思想上把人民团结起来。

公报草案赶在全会最后一天送到与会者手上。胡乔木第二天对公报稿作了进一步修改，在送政治局常委审定后，于当晚8时在中央人民广播电台新闻联播节目中全文播出。

三中全会闭幕的前一天，华国锋把自己在闭幕会上的讲话稿也送请胡乔木修改。

十一届三中全会最重要的成果有两个：一是重新确立了党的马克思主义的路线，二是形成了以邓小平为核心的党的第二代中央领导集体。

十一届三中全会标志着党在建国后伟大转折的实现和共和国新的历史时期的开始，它将永载史册。

引言

　　2008 年，党的十一届三中全会召开 30 周年暨中国改革开放 30 周年之际，当代中国出版社约我把 10 年前写过的《我所知道的十一届三中全会》一文加以补充修改，印成单行本出版。

　　当年我所以写那篇文章，是应当代中国研究所之邀，去为他们举办的"新时期历史座谈会"讲述我知道的那段历史。而他们所以邀我去讲那段历史，是因为十一届三中全会那会儿，我刚好担任中国社会科学院院长、国务院研究室主任胡乔木同志的秘书。

　　记得我在那次座谈会上发言的开头曾讲过一段话，大意是：我虽然有幸经历了那个历史事件，但只是作为乔木同志秘书去的，了解的情况和对问题的理解都很有限；而且手头急事又多，抽不出多少时间作准备，讲述中难免有片面的、遗漏的、不准确的地方。不过，既然我经历了那段历史，接触到了一些别人不大知道的事，确实有责任把这些情况讲出来，以便为当代中国研究所写那段历史补充一点材料，提供一些背景。那次发言之后，我把讲稿整理成文，先在刊物上发表，1998 年底又收入我的第一本

■ 胡乔木（左）与本书作者合影（1977 年 6 月）

论文集，书名就叫做《我所知道的十一届三中全会》。

现在，当代中国出版社要把这篇文章抽出来单独成书，背景与 10 年前相比又有了很大不同。首先，我本人在那次座谈会之后的两年多，也被组织调入当代所，成为共和国史编研队伍中的一员，要说责任，比起 10 年前显然更大了。其次，这 10 年来，关于党的十一届三中全会前前后后的历史，无论文献档案还是研究成果，比起 10 年前都不知要丰富多少倍。当年讲的许多片面的、遗漏的、不准确的地方，可以在很大程度上得到弥补。因此，尽管我现在手头急事依然很多，还是答应了他们的要求，并尽可能在原有文章的基础上补充修改，使它更加丰满一些。当然，限于了解的情况和自己的水平，以及时间的限制，片面、遗漏和不准确之处还是在所难免，只能请读者明察并给予指正。

为了有助于读者更多地了解我所讲的一些情况的背景，在进入正题之前，先讲讲我到胡乔木同志那里担任秘书的经过。

那是 1975 年夏天，邓小平同志继年初主持中央军委工作并代替病重的周总理主持国务院工作之后，又代替受到毛主席批评的王洪文，主持了中央政治局的工作，可以说集党、政、军大权于一身。但问题在于，宣传舆论大权仍然掌握在"四人帮"手里。他们利用报纸、电台等宣传手段、理论刊物和文艺形式，不仅对抗邓小平同志倾力抓的整顿，而且与毛主席的一些正确指示，比如要安定团结、要把国民经济搞上去等等大唱反调。

记得那年 8 月，我在《解放日报》头版上看到一篇题为《把转变学生思想放在学校工作首位》的评论员文章，指责有的老师"满足于学生上课安静、下课太平"，说什么"决不能离开反修防修的斗争片面追求所谓的'安静'和'太平'"，还说"只要阶级斗争存在，上课时下课后就不可能'安静''太平'"。这段话乍一看，可能让人摸不着头脑。因为，上课安静、下课太平乃是关系课堂秩序和学生安全的问题。阶级斗争再激烈，上课也要安静，下课也要太平，根本扯不到什么反修防修、阶级斗争上。但若把其中的"安静""太平"换成"安定""团结"，再读这段话，它的真实意思就清楚了。其实，它是在用批判满足"安静""太平"，影射抓安定团结的工作，是在警告人们，只要有阶级斗争存在，就不可能有安定团结，不能离开反修防修去追求安定团结。

我举这个例子是为着说明，当时邓小平同志主持的党中央要往东走，而宣传舆论却是朝西走；邓小平同志主持的党中央要抓整顿，抓安定团结，抓国民经济，而宣传舆论却别着腿、拧着劲，可见工作开展之艰难。正因为如此，邓小平同志自主持中央工作后，就决定在国务院成立一个政治研究室，请胡乔木同志牵头，吸收吴冷西、胡绳、熊复、于光远、李鑫和邓力群等参加，一共七个人（后来在反击所谓右倾翻案风中，有人把他们戏称为"七君子"）。这个班子的任务，一是整理、编辑《毛泽东选集》第五卷；二是向中央反映有关意识形态方面的情况；三是替中央起草重要文件和文章；四是代管中国科学院哲学社会科学部（中国社会科学院的前身），并在那里筹办一个理论刊物（《思想战线》）。其中，第一项任务由胡乔木、吴冷西、胡绳、熊复、李鑫负责，下面另有一批工作人员，在中南海的"西四院"办公。另外三项任务由胡乔木、于光远、邓力群负责，机构就是国务院政研室本身，下设理论组、国内组、国际组、办公室和一个图书资料室，在中南海武成殿附近的"工字楼"里办公。

自从"文化大革命"开始，宣传舆论先是由陈伯达、康生、江青、张春桥把持；"九一三"事件之后，由江青、张春桥、王洪文、姚文元把持，其他任何人无法插足。而这时，国务院居然要成立一个涉及意识形态和理论宣传工作的机构，其矛头所向可想而知。这一点，"四人帮"心里明白，政研室的领导也明白。所以，对政研室机构的组建，一直十分谨慎、低调。例如，为了避免领导人的任职问题拿到政治局会上讨论可能会惹出的麻烦，竟省略了正式的任职报批手续，以至于这些领导人直到再次被打倒，还没有正式职务。为了防止内部工作情况泄露出去，对每一个拟调入的干部情况，都要由室的领导人详细了解，严格考察。

当然，尽管如此，在"批邓、反击右倾翻案风"中还是出了造反派，不过那是后话。

我当时正在一个野战军的军宣传处理论组工作，经人推荐，也被列入国务院政研室的拟调入名单，并很快经过总政治部和北京军区，向我所在的部队发出了转业命令。调令是1975年9月初下达的，但部队起初不大愿意放人，压了一段时间，直到11月初才让我办完转业和报到手续。后来听说，政研室所以调我去，原本是经胡乔木同志本人同意，让我去给他当秘书的。但当我跨入政研室大门时，政治气候已经发生变化。从表面上看，报纸上正借毛主席评《水浒》的几段话大做文章，批判所谓"宋江投降，搞修正主义"，"宋江让人招安了"；清华大学在利用毛主席对刘冰告迟群的信所作批示一事，开展起所谓的教育革命大辩论。而更深层的原因是，毛主席因为《科学院汇报提纲》和刘冰的信，认为邓小平要翻"文化大革命"的案，态度发生了变化，指示在小范围里对他进行批评。《科学院汇报提纲》是胡乔木主持修改的，刘冰的信是经胡乔木的手转给邓小平的，两件事都涉及胡乔木，既然邓小平同志因此挨批，胡乔木自然在劫难逃。所以，自从我报到后，政研室虽然还在工作，但却停止了进人。当时，机关里一共有41个人，我刚好是那"第四十一个"（这是"文化大革命"中被点名批判的一部苏联电影的名字）。大概也是因为这个原因吧，我进入政研室后，并没有去给胡乔木同志当秘书，而是被分配到了理论组。

理论组只有六七个人，都是一些思想理论战线上的老同志，组长是王子野，副组长是陈道。那时，理论组正在做两件事：一

■ 国务院政治研究室全体人员合影。一排右起第二人为陈道，第四人为林涧青，第五人为王子野，第六人为邓力群，第七人为胡乔木，第八人为于光远，第九人为丁树奇；三排左起第六人为滕文生；二排右起第一人为作者，第二人为苏沛，第三人为郑惠（1977 年 6 月）

是根据领导意图写大块文章；二是给正在筹办之中的学部《思想战线》杂志拟选题。王子野同志要我一方面参加拟题，另一方面负责起草一篇关于工农兵学哲学的文章。但文章初稿还没完成，就传达了"打招呼会讲话要点"（中央 23 号文件）。这份文件最重要的话就是：清华大学出现的问题绝不是孤立的，是两个阶级、两条道路、两条路线的反映，是一股右倾翻案风；有些人总是对"文化大革命"不满意，想翻案。那是 1975 年 12 月中旬，从此以后，好转了才几个月的形势逐渐恶化。所谓"反击右倾翻案风"的运动逐步升级，调门儿越来越高，把全国人民又装入新的闷葫芦之中。政研室的业务工作基本停顿，整天学习文件、表态、讨论。记得那阵子，机关还组织我们去清华大学看过一次大字报。里面一句话给了我很深的印象，叫做"主帅摇旗，大将紧从，秀才呼应"。其矛头所指，不言自明。

过了年，周总理的逝世使人们由热变冷的心更是雪上加霜，给本已恶化的形势增添了巨大的悲剧色彩。当我在北京医院向总理遗体告别时，在长安街人群中目送总理灵车路过时，在劳动人民文化宫参加总理骨灰的吊唁活动时，到处听到的都是哭泣声，看到的都是小白花。尤其天安门广场，更是人山人海。我亲眼看见人民英雄纪念碑上堆满了花圈，广场四周松柏树上扎满了白花，而长安街上抬着花圈的队伍还在络绎不绝地涌向广场。但这一切不仅没能给"运动"降温，相反，更刺激了"四人帮"的神经。最近看《邓小平年谱》才知道，1976年1月17日，胡乔木等同志已预感到情况不妙，起草了一封给邓小平、张春桥、李先念、纪登奎、华国锋等副总理的信，请求国务院解除委托政研室代管学部业务的责任，并建议暂缓出版《思想战线》杂志，并拿给邓小平看。邓表示同意他们上报，说政研室的问题要听候中央处理。

不久，政研室里果然贴出了第一张批判胡乔木的大字报；接着，又有人通过姚文元向毛主席送去了揭发胡乔木的信，大意是说他积极鼓吹"右倾翻案风"，运动以来又按兵不动、捂盖子，要求中央派得力干部来领导运动。后者经毛主席批示印发政治局，变成为文件，在机关里进行了传达。这一下可热闹了，政研室成立了临时领导小组，那位写告状信的人被任命为副组长和机关党支部书记，成了实际上的主要领导人，贴第一张大字报的人和另一位"运动"积极分子成了他的核心成员，等于这三个人夺了胡乔木和其他领导的权，只有一位原来的领导被"结合"进他们的班底里，勉强做做样子。从此，分组学习讨论变成了全室揭发批判大会。胡乔木同志天天要接受批判，交待问题，检讨错误。其他人，特别是原来的几位领导，天天要揭发问题，批判胡乔木的"错误"。后来，虽然陆续发生了"四五"天安门事件、邓小平同志被撤销党内外一切职务、华国锋同志任党中央第一副主席和国务院总理、朱德委员长逝世、唐山大地震、毛主席逝世等一系列重大事件，但"四人帮"不仅始终没有放松过他们的"批邓、反击右倾翻案风"，还通过报纸把政研室点名为"右倾翻案风的黑风口"、"邓记谣言公司"。（据说，江青在"反击右倾翻案风"后召开的一次会上说：国务院政研室是邓小平的谣言公司，邓小平是总经理，胡乔木是副总经理。）在这种情况下，胡乔木同志的境遇也就可想而知了。一个最能说明问题的事就是，在毛主席逝世后，机关里所有人都可以去向毛主席遗体告别，唯独不允许他去。这对于从延安时代起就给毛主席当秘书的胡乔木来说，无疑是一个比受批判更沉重的打击。

出人意料而又令人万分兴奋的是，在毛主席逝世后不到一个月，看上去不可一世的"四人帮"竟然被以华国锋同志为首的党中央一举粉碎了。说来也巧，耿飚同志的儿子耿志远是我中学时期的同学，10月6日那天晚上，我正在他家聊天，亲眼看见耿飚同志从我们所在的屋前走过。我当时并不知道，也万万想不到他是为抓捕"四人帮"而去接管中央人民广播电台和电视台。直到

10月8日，即事后第三天，我才从耿志远那里听到这个天大的喜讯。那时机关绝大多数同志还不知道这个消息，我实在按捺不住心中的喜悦，便向一些自己认为可以信任的同志透露。消息就像长了翅膀一样，很快在机关传开，唯独那几个造反派被蒙在鼓里。第二天，他们几个还在大会上张牙舞爪、声嘶力竭地批判胡乔木，大家坐在下面看着他们表演，心里暗自好笑。记得会开到一半，宣布"四人帮"被粉碎的中央文件到了，那几个造反派慌了神，而绝大多数同志群情激奋，纷纷上台发言，热烈拥护中央的英明决定，愤怒声讨"四人帮"的罪行，并决定给党中央发致敬信。不久，机关党支部（政研室只有一个支部）召开全体党员大会，罢免了那位临时领导小组负责人的支部书记职务。大概因为我当时在机关里年纪最轻的缘故（那年30岁），被大家推选做了支部书记，并以此身份进入政研室成立的"揭批查"（全称为揭发批判"四人帮"、清查与"四人帮"有牵连的人和事）办公室。

■ 北京举行庆祝粉碎"四人帮"的群众游行

但好事多磨，另一件让人意想不到而又难以理解的事发生了。那就是政研室原来的七位领导中的四位，由李鑫"率领"回到"西四院"毛泽东著作编辑办公室；留下胡乔木、邓力群、于光远，不仅不给分配工作，还传出话来，说要撤销政研室。很明显，这并不是一种工作上的分工，而是政治上的分化。李鑫原来是康生的秘书，由于康生临死前与"四人帮"发生了矛盾，李又在"文化大革命"中长期处于接近中央核心领导层的位置，所以他在抓捕"四人帮"的问题上进过言、立了功。粉碎"四人帮"后，他被任命为中办副主任，主持华国锋同志身边文件起草班子的工作，并受到当时分管宣传工作的一位中央领导人的倚重，实际上掌握了舆论大权，成为炙手可热的人物。他在"反击右倾翻案风"开始之前，就在编辑《毛泽东选集》的班子里与胡乔木同志有争执；"反击右倾翻案风"后，在批判胡乔木的大会上，又特别提到当初康生是让胡乔木帮助他工作，结果胡乔木进来后，反倒指挥起他来了。（实际情况是，中央决定邓小平、康生、胡乔木为负责《毛泽东选集》第五卷编辑的领导小组成员，而李鑫在这个小组中并没有职务，是受这个小组领导的。）由这样的人掌握大权，胡乔木同志被排挤出毛泽东著作编辑的工作班子，不给分配工作，反而接二连三地被编派新的罪名，并要把政研室连根拔掉，也就不足为奇了。

当时我对上层情况并不具体了解，只是从迟迟不为天安门事件平反、不恢复邓小平同志工作等情况分析，感到华国锋同志以及他周围的人似乎很担心邓小平同志出来工作会威胁他们已得到的权力，认为他们撤销政研室不过是整个布局中的一着棋，是为了剪除邓小平同志的臂膀，让他要么出不来，要么即使出来也发挥不了应有的作用。否则无法解释，天安门事件中对"四人帮"的抗议明明是群众自发的，邓小平同志明明是因为被诬陷为天安门事件幕后黑手才被撤销党内外一切职务的，政研室、胡乔木也明明是被"四人帮"诬蔑为"邓记谣言公司"、"右倾翻案风的黑风口"、"邓小平复辟翻案的黑干将"才遭受打击的，可是"四人帮"被粉碎了，为什么天安门事件迟迟不能平反，邓小平同志迟迟不能恢复工作，政研室、胡乔木不仅不能恢复工作，反而要被撤销、被排斥、被继续打击。显然，这三件事是联系在一起的，前面两件事解决不了，政研室的问题也就不可能解决。

正因为如此，那一阵子我对天安门事件平反、邓小平同志恢复工作的事格外关心。也正因为如此，当我看到1977年2月7日"两报一刊"（《人民日报》、《红旗》杂志、《解放军报》）社论《学好文件抓住纲》上面的那两句话，即："凡是毛主席作出的决策，我们都坚决维护，凡是毛主席的指示，我们都始终不渝地遵循"，很自然地联想到这是针对天安门事件平反和邓小平同志恢复工作而说的。谁都知道，天安门事件被定性为反革命事件、邓小平同志被撤销党内外一切职务，都是毛主席在病重情况下，听了"四人帮"一面之词而作出的决策。如果真的像社论上所说的那样，凡是毛主席的决策都要维护，那天安门事件就不可能平反，邓小平同志就不可能恢复工作；而邓小平同志不能恢复工作，撤销政研室的成命也就不可能收回。第二天，我把自己的这个看法向那时主持政研室"揭批查"运动和日常工作的邓力群同志说了。他说他没有注意到这两句话，答应回去找出那篇社论再看看。过了一段时间，批评这两句话的舆

1977 年 2 月 7 日的"两报一刊"社论

■ 中共十届三中全会主席台（1977 年 7 月）

论渐渐多起来，并把它概括为"两个凡是"的方针。直到 20 世纪 90 年代，才有人告诉我，邓力群同志在当代所的座谈会上回忆当年那段历史时说，朱佳木 1977 年看到 2 月 7 日"两报一刊"社论后，曾向他反映了对"两个凡是"的看法，他很快找了王震同志，提醒他注意。王震同志又很快到邓小平同志那里，向他反映了这个意见。后来邓小平同志对王震同志说过，反对"两个凡是"是邓力群首先提出的。不过，这些内情我当时并不知道。

还有许多内情是我当时不知道的。例如，在党中央最高领导层，叶剑英副主席和李先念副总理很早就主张让邓小平同志尽快出来工作，但被当时的中央主要负责人一拖再拖。又如，为了呼应中央最高领导层中的正确意见，陈云同志在 1977 年 3 月中央工作会议前夕，与一些同志相约到会上发言，提出尽快为天安门事件平反和恢复邓小平同志工作的问题，结果却受到压制。不过，他们的努力并没有白费。那年 7 月，全党全国人民的期待总算部分得到了实现。党的十届三中全会虽然未能为天安门事件平反，却作出了恢复邓小平同志被撤销的一切领导职务的决议。

全会闭幕的第五天，即 7 月 26 日，邓小平同志的秘书王瑞林给政研室打电话，正好碰上我接。他说小平同志要约乔木、力群、光远同志去他家里谈话，让我通知一下。此后，传出邓小平同志的话，说政研室的摊子先不要散，胡乔木同志要恢复工作，第一个任务是主持此前已经组成的关于"三个世界划分问题"写作班子的写作。从那时起，组织上决定让我做胡乔木同志的秘书。我先随他到那个写作班子的驻地台基厂 3 号工作了三个月，当《毛主席关于三个世界划分的理论是对马克思列宁主义的重大贡献》的长篇文章写好，并在 11 月 1 日、2 日分两天在《人民日

■ 胡乔木（前排左三）与"三个世界划分问题"写作班子全体同志合影。三排右一为作者（1977 年 9 月）

报》发表后，又随他到已在学部基础上成立的中国社会科学院上班，直到我 1980 年回到由国务院政研室演变成的中央书记处研究室工作。（国务院政研室后来改名为国务院研究室，胡乔木被正式任命为研究室主任。十一届三中全会后，国务院研究室与中办研究室合并，成立中央政研室。十一届五中全会成立中央书记处后，中央政研室改名为中央书记处研究室。）

以上就是我到胡乔木同志那里担任秘书的经过。下面，谈我所知道的党的十一届三中全会及其前前后后的一些情况。

■ 中共十一届三中全会会址——京西宾馆会议楼

会议之前的若干
情况

中共十一届三中全会及此前的中央工作会议是我们党和共和国历史上的重要转折点，这是大家公认的。但是，中央工作会议之前，中央，起码是中央主要负责人，并没有打算开成这样一个会；出席会议的代表们，起码是绝大多数代表，并没有想到会议会开出这样一个结果，这也是大家都已经知道的。这就发生了一个问题，这个转折是不是偶然的？是不是突然的？是不是可能发生也可能不发生的？我认为，转折发生在 1978 年 11 月，发生在三中全会，带有一定的偶然性，因为原来中央工作会议的议题和三中全会要解决的问题，确实不是后来全会公报所说的主要内容。但是，只要稍加分析就不难看出，这个转折或迟或早总要发生。至于是在 1978 年 11 月还是在此之前或在此之后一些时候发生，那是偶然的，但一定会在此前后发生则是必然的，是不以人的意志为转移的。孤立地看，从表面上看，它似乎是突然的；但只要把它和"文化大革命"发生的一系列事件联系起来，把它和粉碎"四人帮"后至三中全会召开前这段时间里群众的情绪、党内的思想状况和组织状况联系起来看，就不会感到它突然了。就是说，只要把这个会放在当时历史的大背景下，放在党内党外总的形势下分析，就会明白，它绝不是偶然的、突然的，而是一定会发生的，是顺理成章，瓜熟蒂落，水到渠成。

这里我仅以三中全会公报上记载的会议的几个重要成果为线索，讲几个会议前的背景情况。

（一）关于确定全党工作重点的转移

新中国成立以后，特别是抗美援朝结束后，党的工作重点不再是武装革命和战争，而是经济建设。对这一点，我认为直到 1962 年党的八届十中全会重提阶级斗争之前，尽管中间发生过反右派斗争扩大化和"大跃进"那样的错误，在中央领导包括毛泽东同志的头脑中，始终没有出现过动摇。即使在八届十中全会上，毛泽东在讲到会议精神传达时，也接受了刘少奇同志的意见，特别指出，各部门、各地方传达要注意，"要把工作放到第一位，阶级斗争跟它平行，不要放在很严重的地位。……不要让阶级斗争干扰了我们的工作"①。后来，党的工作重点逐渐转移到阶级斗争上面，直至发生长达 10 年的"文化大革命"。对这一点，党内是存在不同看法的，只是在当时的条件下，没有可能直截了当地表达就是了。例如，1972 年周总理主持工作，大抓批判极左思潮，提出要把无产阶级政治挂帅挂在业务上；1975 年邓小平同志主持工作，大抓全面整顿，提出"以三项指示为纲"（三项指示即毛主席关于学习无产阶级专政的理论，以安定团结为

①《毛泽东传（1949—1976）》（下），中央文献出版社 2003 年版，第 1254 页。

好，要把国民经济搞上去），这实质上都是要重新把经济建设作为党的工作重点的努力。

那时，国务院政研室正根据邓小平几次讲话的精神，在起草题为《论全党全国各项工作的总纲》（简称《论总纲》）的文章。文章引用列宁和毛泽东的话，说明束缚还是解放生产力，是区别真假马克思主义的最终标准。文章写道：

> 列宁说过："政治教育的成果，只有用经济状况的改善来衡量。"毛主席也说过："中国一切政党的政策及其实践在中国人民中所表现的作用的好坏、大小，归根结底，看它对于中国人民的生产力的发展是否有帮助及其帮助大小，看它是束缚生产力的，还是解放生产力的。"区别真马克思主义和假马克思主义，区别正确路线和错误路线，区别真干革命和假干革命，区别真干社会主义和假干社会主义，区别干部所做工作的成绩是好是坏，是大是小，归根结底，只能，也只应按照列宁和毛泽东所提出的这个标准来衡量。

这篇文章还没来得及发表，"四人帮"就掀起了"批邓、反击右倾翻案风"运动。后来，政研室里揭发批判胡乔木，这篇文章被揭发出来，当成邓小平同志搞"复辟"的罪证。这时我才知道，这篇文章是胡乔木布置邓力群同志负责起草的，目的是根据小平同志的意见，全面宣传这三项指示，以纠正报纸上只宣传第一项指示，而很少宣传后两项指示的偏向。

这件事揭出来后，"四人帮"如获至宝，说这是用"以三项指示为纲"代替"以阶级斗争为纲",是要"回到唯生产力论",并把它连同《科学院工作汇报提纲》和国家计委的《关于加快工业发展的若干问题》(简称《工业二十条》)一起,打成"三株大毒草",印成批判材料,下发全国。"四人帮"在《红旗》杂志上发表过一篇剖析《论总纲》的大批判文章,题为《一个复辟资本主义的总纲》,其中写道:"以三项指示为纲"完全是为了对抗"以阶级斗争为纲",《论总纲》"从所谓实现'四个现代化'开头,又以'实现四个现代化'为结束,这决不是偶然的"。据说,姚文元看到《论总纲》后,还在上面批批画画,说这是"歪曲马列,回到唯生产力论"。其实,把邓小平提出的"以三项指示为纲"和《论总纲》

评《论全党全国各项工作的总纲》

■ 在"批邓、反击右倾翻案风"运动中编辑出版的批判所谓"三株大毒草"的小册子之一说成是唯生产力，这才真是歪曲马列。但说"以三项指示为纲"的核心是"要把国民经济搞上去"，实质是要以经济建设代替"以阶级斗争为纲"，那倒是确实的。邓小平同志是这个思想，其他许多老一代革命家也是这个思想。

我听李先念同志的秘书告诉我，粉碎"四人帮"后的第十天，即1976年10月16日，先念同志打电话给陈云同志，征求他对今后工作的意见。陈云经过同王震、姚依林商议，提出了几条建议。其中一条是："要大力抓生产，使国民经济能够较快恢复和发展"；另一条是："要尽快使一些老干部站出来，领导本部门的工作"。可见，在夺取政权以后，党的工作重点应当是经济建设，这个思想在邓小平、陈云等老一代革命家的头脑里是一贯的，没有疑问的。

在粉碎"四人帮"后的一段时间里，华国锋同志也是重视抓生产的。但由于"左"的思想的禁锢和历史的惯性，他当时在指导思想上一方面急于求成，造成经济工作中的冒进和国民经济的重大比例失调；另一方面沿用"以阶级斗争为纲"，提出"抓纲治国"，在安排工作时还是把重点放在政治运动上。例如，他在十一大报告中提出了八项任务，第一项是"要把揭批'四人帮'进行到底"，第四项才是"要抓革命，促生产，把国民经济搞上去"。这在实际工作上，当然会产生种种矛盾，使人们难以放开手脚，理直气壮地抓生产、抓工作、抓业务。于是，在十一届三中全会之前，邓小平同志不失时机地从正面提出了结束揭批"四人帮"运动，实现全党工作重点转移的问题。

1978年9月，邓小平同志在率中国党政代表团访问朝鲜后，路过东北，先后视察了黑龙江、吉林、辽宁和沈阳军区，一路走一路讲要重视发展经济的问题。他在吉林说："社会主义制度优越性的根本表现，就是能够允许社会生产力以旧社会所没有的速度迅速发展，使人民不断增长的物质文化生活需要能够逐步得到满足。按照历史唯物主义的观点来讲，正确的政治领导的成果，归根到底要表现在社会生产力的发展上，人民物质文化生活的改善上。"[①] 在沈阳军区，他把这个观点讲得更具体了，直接与当时正在进行的揭批"四人帮"运动联系在了一起。他说："批林彪也好，

■　邓小平（前右一）视察吉林时接见党政军干部代表

① 《邓小平年谱（1975—1997）》（上），中央文献出版社 2004 年版，第 379—380 页。

批'四人帮'也好，怎样才叫搞好了，要有几条标准。""对搞运动，你们可以研究，什么叫底？永远没有彻底的事。""运动不能搞得时间过长，过长就厌倦了。……究竟搞多久，你们研究。有的单位，搞得差不多了，就可以结束"。自从 1962 年八届十中全会重提阶级斗争以来，我们党似乎形成了一种思维定式，只能把政治运动放在首位，用政治运动来带动和促进经济建设与各项工作。正因为如此，邓小平同志提出这个想法，很大程度上带有试探性、启发性，用他自己的话说，叫做"点火"。他说："我是到处点火，在这里点了一把火，在广州点了一把火，在成都点了一把火。"①

回到北京，邓小平同志于 10 月 3 日下午找胡乔木、邓力群、于光远三人去谈话，请他们帮助修改由其他人为他准备的代表中央在工会九大的致词稿。在这次谈话中，邓小平把话讲得更清楚了，他说道：

> 现在到了这么个时候，"四人帮"当然要批，但不能老是说什么都是"四人帮"搞的。现在有些事将要考核我们自己的干部，批了"四人帮"还搞不好，总得整一下自己吧，总得问一问领导人、领导班子是不是可以吧。外国人有个议论说，你们什么都归罪于"四人帮"。归罪于"四人帮"还是可以的，但是不能以后一直都归罪于"四人帮"的干扰破坏。我想从这个讲话开始，讲一下这个道理。这次我在沈

---

① 《邓小平年谱（1975—1997）》（上），中央文献出版社 2004 年版，第 382、383 页。

阳军区讲揭批"四人帮"的问题，我说揭批"四人帮"运动总有个底，总不能还搞三年五年吧！要区别一下哪些单位可以结束，有百分之十就算百分之十，这个百分之十结束了，就转入正常工作，否则你搞到什么时候。我们要把揭批"四人帮"的斗争进行到底，那么就要问"底"在哪里？现在可以暂时不说。

后来，胡乔木等人把邓小平的这个意思写进了工会九大的致词。这篇文稿已收入《邓小平文选》，其中就有一句："很明显，……我们一定要把揭批'四人帮'的斗争进行到底。但是同样很明显，这个斗争在全国广大范围内已经取得决定性的胜利，我们已经能够在这一胜利的基础上开始新的战斗任务。"[1]这里虽然没有用工作重点转移这个词，但看得出，所谓"开始新的战斗任务"，就是工作重点转移的意思。

华国锋同志在十一届三中全会前的中央工作会议第一次全体会上说：中央政治局决定，在讨论会议的三个正式议题之前，先讨论一个问题，就是"要在新时期总路线和总任务的指引下，从明年一月起，把全党工作的着重点转移到社会主义现代化上来"。他还说："现在的问题是，揭批'四人帮'运动已经达到什么火候了？恰当地估量运动的发展状况，是我们提出转移全党工作着重点的重要依据。"现在知道，政治局的这个决定是常委的建议。从以上材料可以断定，所谓常委的建议，实际上就是邓小平同志

---

[1]《邓小平文选》第2卷，人民出版社1994年版，第135页。

的建议。不同的是，邓小平在同胡乔木等人谈话时讲的"可以暂时不说"的"底"，到了中央工作会议之前已经明确为1978年底，就是说，1978年底结束揭批"四人帮"运动，全党工作重点转到经济建设上来。关于这一点，胡耀邦同志在1980年11月的政治局会议上曾明确说过："1978年9月份，小平同志在东北提出了全党工作着重点的转移，为三中全会的方针，为今后党的工作方针，作出了决策。"这些说明，工作重点转移绝非十一届三中全会的临时动议、心血来潮，而是从1975年开始就在党内反复酝酿，并且在粉碎"四人帮"之后时机逐渐成熟的决策。

对于广大干部和群众来说，工作重点转移更是盼望已久的事，是大得人心、顺乎民意的决策。许多单位在粉碎"四人帮"以后，实际上已经在那么做了。例如，我作为胡乔木的秘书，于1977年11月随他和邓力群、于光远到社会科学院后，即参加了由邓力群同志（时任副院长、党组副书记）负责组织的一个调查组，一个所一个所开座谈会，搞调查研究，整整搞了一个月。当时，院内大多数群众对没完没了搞政治运动早已厌烦，希望能尽快安静下来搞学问。但由于老学部在"文化大革命"中的两派对立情绪还没有完全消除，特别是一些群众，认为其中一派的后台是王、关、戚（即王力、关锋、戚本禹），是"中央文革"（即中共中央文化革命小组，组长陈伯达，顾问康生，副组长江青、张春桥等，成员有王力、关锋、戚本禹、姚文元等），现在到了分清是非的时候了，不能不说清楚就完事。调查组内也有一种看法，觉得十年动乱中，有些群众组织间的矛盾不能说没有一点是非，都一风吹恐怕不好。但胡乔木、邓力群同志认为，"文化大

■ 胡乔木在全国哲学社会科学规划会议预备会上讲话（1978年9月13日）

革命"总的说搞错了，至于群众组织的是非谁多一些谁少一些，第一是纠缠起来又要花很多时间，第二是搞得一清二楚很难，第三是搞清楚了也没多大意义。因此，他们在第一次中层干部的会上就果断宣布，停止无谓争论，在揭批"四人帮"和清查与"四人帮"有联系的人和事的同时，要把主要精力用来恢复和开展业务工作。此后，胡乔木同志通过抓制定科研规划、建立新所新学科、开展对外学术交流等办法，于1977年底至1978年初，就在事实上实现了社科院工作重点的转移。像社科院这样的"重灾区"尚且如此，其他单位这样做的就更多了。所以，十一届三中全会宣布全党工作重点转移，这是我们党在思想上的一次很大的解放，是进入新时期的重要标志，但是它并非突如其来，并非急转弯，而是反映了全党全国人民的愿望，反映了下面的实际情况。

当然，对一个问题，大多数人都认识到了，不等于说认识的角度、深度就都一样了。就拿工作重点转移的问题来说，华国锋同志在中央工作会议讲话中虽然宣布了中央政治局关于从1979年1月起把全党工作重点转移到现代化建设上来的决策，但却在前面加了一个"帽子"，就是"要在新时期总路线和总任务的指引下"。而所谓"新时期总路线和总任务"，一个重要内容是坚持"以阶级斗争为纲"。所以，"要在新时期总路线和总任务的指引下"把工作重点转移到现代化建设上来，也就是要在"以阶级斗争为纲"的指引下把工作重点转移到现代化建设上来。显然，这与邓小平同志提出的工作重点转移的含义是不同的。另外，华国锋在讲话中解释转移的理由时，强调的是国内国际形势的需要。他之所以作这样的表述和解释，根本原因在于没有从"以阶级斗争为纲"的禁锢中解放出来，想把"以阶级斗争为纲"同"以经济建设为重点"调和起来。这种表述和解释如果成立，工作重点转移的意义就会大打折扣，一个路线性质的问题就会变成一个工作安排性质的问题。

三中全会前的中央工作会议进入小组讨论后的第二天，即11月12日下午，午睡一醒，胡乔木同志就叫我到他房间，说："把工作重点的转移讲成是形势的需要，这个理由不妥。应当说，无产阶级在夺取政权以后，就要把工作重点转到经济建设上。建国后，我们已开始了这种转移，但是没有坚持住，这次转移是根本性的转移，而不是通常意义上的转移。不能给人一种印象，似乎今天形势需要，就把工作重点转过来，明天不需要了，还可以再转回去。"他要我帮他查几条马列和毛泽东的有关论述，说在下午的小组会上要用。下午，他在发言中引用了马克思、列宁和毛泽东的话，说明"我们的一切革命斗争，终极目的是要解放和发展生产力，这是我们党的一贯立场，是马列主义的基本观点"；"并不是任何阶级斗争都是进步的，其是否进步的客观标准，就是看它是否为解放和发展生产力创造条件"；"经济脱离政治一定会走到邪路上去，政治脱离经济也一定会走到邪路上去"。他说："除了发生战争，今后一定要把生产斗争和技术革命作为中心，不能有其他的中心。只要我们正确处理人民内部矛盾和敌我矛盾，国内的阶级斗争也不会威胁社会主义建设的中心地位。"

胡乔木同志的发言很快被简报全文刊用，得到大多数与会者的赞同。在他后来负责起草的十一届三中全会公报上，这个意思也反映了出来。公报说："毛泽东同志早在建国初期，特别在社会主义改造基本完成以后，就再三指示全党，要把工作中心转到经济方面和技术革命方面来。""正如毛泽东同志所说，大规模的急风暴雨式的群众阶级斗争已经基本结束，对于社会主义社会的阶级斗争，应该按照严格区别和正确处理两类不同性质的矛盾的方针去解决，按照宪法和法律规定的程序去解决。"这就在实际上否定了"以阶级斗争为纲"的提法，赋予了"工作重点转移"这一命题以更大的科学性、稳定性，使它有了更强的生命力。

十一届三中全会虽然停止使用了"以阶级斗争为纲"的口号，但对这个口号本身的是非没有涉及。会后，胡耀邦同志兼任中宣部部长，他感到胡乔木在会上关于阶级斗争问题的那个发言很好，请他再展开讲一次。胡乔木同志作了一点准备，于1979年1月3日到中宣部作了题为《关于社会主义时期阶级斗争的一些提法问题》的讲话，提出要有足够的理论勇气，继续清理一些旧的说法，如"无产阶级专政下继续革命"、"以阶级斗争为纲"、"党的历史是路线斗争史"，等等。他说："'以阶级斗争为纲'……这个提法，要看在什么意义上、在什么范围内讲才有意义。不讲清楚就会引起思想上和实际工作中的混乱。人们会认为，只要还有残余形态的阶级斗争，这种斗争就还是社会前进的动力。这样势必造成阶级斗争的人为的扩大化。而且，照这样推论，社会一旦消灭了阶级，失掉了以阶级斗争为纲的根据，社会发展就似乎没有纲、没有动力，或者忽然有别的矛盾起而代之，成为纲和动力了。这是牵涉到历史唯物主义的根本问题，一定要给予科学的解释。""在这个问题上的混乱，现在不能再继续下去了。"① 他的讲话等于宣布，在无产阶级取得政权的情况下，再讲"以阶级斗争为纲"，从理论上说是错误的，从实践上说是有害的，今后不应当再讲了。

在那次讲话中，胡乔木同志还讲到路线斗争的提法。他指出："党内斗争的情况很复杂，是否一定要把某几次斗争指定为路线斗争，并且一定要一次一次地排列起来？这样是不是把复杂的现象简单化，并且会不会产生许多牵强附会的说法？""马克思、恩格斯、列宁一生都进行过不少的党内斗争，但是他们并没有说进行过多少次路线斗争，别人也没有这样说过，因为没有必

① 《胡乔木文集》第2卷，人民出版社1993年版，第435—436页。

要这样来归类和计数。"①今天，已经没有人再讲几次几次路线斗争了，但作类似的归类和计数的现象仍然存在。可见，要摆脱旧的思想束缚有多么不容易，有时自己以为是很解放思想的事，其实恰恰是思想没解放的表现；自己以为是一种新的说法，其实恰恰是旧的说法的翻版。

胡乔木同志的这个讲话，后来被印成中宣部的内部文件下发，在宣传理论战线产生了很大影响。但是，要在这个问题上统一全党的思想，还需要有中央主要领导人出来讲话才行。正因为如此，邓小平在 1979 年 3 月理论工作务虚会上所作题为《坚持四项基本原则》的重要讲话中，就社会主义的基本矛盾、主要矛

■ 邓小平（右）在党的理论工作务虚会上作题为《坚持四项基本原则》的重要讲话

① 《胡乔木文集》第 2 卷，人民出版社 1993 年版，第 436 页。

盾等理论问题发表了看法。关于社会主义的基本矛盾，他认为还是按照毛泽东在《关于正确处理人民内部矛盾的问题》一文中提出的生产关系和生产力、上层建筑和经济基础的提法比较好。他说："从二十多年的实践看来，这个提法比其他的一些提法妥当。至于什么是目前时期的主要矛盾，也就是目前时期全党和全国人民所必须解决的主要问题或中心任务，由于三中全会决定把工作重点转移到社会主义现代化建设方面来，实际上已经解决了。"关于社会主义社会的阶级斗争，他指出："社会主义社会中的阶级斗争是一个客观存在，不应该缩小，也不应该夸大。……社会主义社会目前和今后的阶级斗争，显然不同于过去历史上阶级社会的阶级斗争，这也是客观的事实，我们不能否认，否认了也要犯严重的错误。"[1] 他的这些论述，虽然没有点出"以阶级斗争为纲"的提法，但实际上分析了这一提法的错误性，从根本上否定了这一提法，为全党工作重点的转移进一步提供了科学的理论根据，也使全党在这个问题上进一步统一了思想。

十一届三中全会作出工作重点转移的决策，至今已有 40 年了。经过建国后近 70 年，包括三中全会后 40 年实践的反复检验，这一决策是完全正确的，是符合马克思主义的，也是符合社会主义社会客观实际和广大人民意愿的。对此，我们应当一如既往，坚定不移。同时也要看到，说以经济建设为全党工作的重点，不等于说其他工作，比如思想政治工作、精神文明建设工作、反腐倡廉工作等等就不重要；改变"以阶级斗争为纲"的提

---

① 《邓小平文选》第 2 卷，人民出版社 1994 年版，第 182 页。

法，不等于社会主义社会就没有一定范围内的阶级斗争，阶级和阶级分析的观点就过时了，更不等于说无产阶级在夺取政权的过程中，阶级斗争也不是社会主要矛盾了。对这些问题，我们要全面理解，否则会从一个极端走到另一个极端，出现另一种片面性。那同样是不符合实际的，同样会给我们的事业带来损失。

（二）关于要求对经济体制进行认真的改革

十一届三中全会公报指出：经济建设要按照经济规律办事，要改革经济管理体制权力过分集中的问题，让地方和工农企业在国家统一计划的指导下有更多的经营管理自主权；重视价值规律的作用，注重把思想政治工作和经济手段结合起来，充分调动干部和劳动者的生产积极性，认真执行按劳分配的社会主义原则；认真解决党政企不分、以党代政、以政代企的现象；在自力更生的基础上积极发展同世界各国平等互利的经济合作，努力采用世界先进技术和先进设备。这些实际上就是后来说的改革开放的总方针、总政策。那么，它们是不是突如其来的呢？也不是。三中全会前中央工作会议原先的议题中所列入的学习李先念同志在国务院务虚会上的讲话，就有改革经济管理体制权力过分集中、积极发展同世界各国经济交流的内容，可见会前在党内高层和经济研究部门，对这些问题的酝酿已到了相当成熟的程度。甚至连"改革"和"开放"这些概念，在邓小平同志的讲话中都已经出现过了。

自从邓小平同志再次复出，他就在各种场合大力宣传关于对外要实行开放政策，对内要进行经济管理体制改革的思想。例如，他在1978年9月听取吉林省委常委汇报时讲："毛泽东同志在世的时候，我们也想扩大中外经济技术交流，包括同一些资本主义国家发展经济贸易关系，甚至引进外资、合资经济等等。但是那时候没有条件，人家封锁我们。后来'四人帮'搞得什么都是'崇洋媚外'、'卖国主义'，把我们同世界隔绝了。毛泽东同志关于三个世界划分的战略思想，给我们开辟了道路。……经过几年的努力，有了今天这样的、比过去好得多的国际条件，使我们能够吸收国际先进技术和经营管理经验，吸收他们的资金。"[1] 在听取鞍山市委负责同志汇报时，他又说："引进先进设备后，一定要按照国际先进的管理方法、先进的经营方法、先进的定额来管理，也就是按照经济规律管理经济。一句话，就是要革命，不要改良，不要修修补补。""要加大地方的权力，特别是企业的权力。企业要有主动权、机动权……企业应该有点外汇，自己可以订货，可以同国外交流技术。"[2]

邓小平同志讲这些话的前后，国务院务虚会正在北京召开，主题是研究加快我国社会主义现代化建设的速度问题。会议也强调，要利用外国资金，引进国外先进技术设备；并讨论了经济管理体制的改革问题，指出要充分发挥经济手段和经济组织的作用，实行专业化，适当扩大企业自主权。李先念同志当时是主持国务院常务工作的副总理，他在9月9日闭幕会上的总结讲话，肯定了用多搞补偿贸易的办法引进先进的技术设备，以加快四个现代化建设；同时强调要发挥企业的积极性，给企业以必要的独立地位，并要大力发展企业的专业化协作，大的专业公司今后

---

[1]《邓小平文选》第2卷，人民出版社1994年版，第127页。
[2]《邓小平文选》第2卷，人民出版社1994年版，第129—130、131页。

要跨省、跨大区、跨中央的部委，有的还要同外国合作经营。显然，这些都已触及改革开放的内容。

下面，我再就两个问题讲一点情况。

1. 关于市场调节问题

十一届三中全会公报没有直接提市场问题，但提到了价值规律、企业自主权、经济手段，这些问题的核心其实就是市场问题。据我所知，对这个问题，三中全会之前也已经开始酝酿了，并且提出了"市场经济"的概念。说到这个概念，有必要弄清楚两点：一是这个概念是怎么提出的？二是这个概念在当时的内涵是什么？

从目前掌握的材料看，这个概念首先是在国务院务虚会上公开提出的。当时，是李先念同志在总结讲话时讲了一句："计划经济与市场经济相结合"。他只是说了这么一句，没有展开，也没有整理进他的正式讲话，所以从文件上和他的文选中看不出来。关于这件事，我先是在苏星同志的书上看到的，里面介绍了这句话。1998年，我又在《百年潮》上看到《吴敬琏访谈录》，里面说："李先念在国务院务虚会作总结时，提出了'计划经济与市场经济相结合'的口号。"我问了当年参加这一讲话起草工作的几位同志，有的说记不得了，有的说有印象。看来，李先念同志确实讲了"市场经济"这个概念，只是在当时的条件下，还不便于出现在正式文件上。

新中国成立以后，党和国家领导人有讲"自由市场"概念的，似乎没有人用过"市场经济"这个概念，李先念同志怎么会突然冒出这么一句呢？《吴敬琏访谈录》中讲，这个话"显然是从陈云1956年的'三为主、三为辅'脱胎而来的"。（所谓"三为主、

■ 陈云（左）与李先念交谈（作者 摄）

三为辅"，就是在工商业经营方面，以国家经营、集体经营为主体，以个体经营为补充；在生产方面，以计划生产为主体，以国家计划许可范围内的自由生产为补充；在市场方面，以国家的统一市场为主体，以国家领导的一定范围内的自由市场为补充。）他的这个分析有一定道理。不过，据我分析，这句话不仅脱胎于陈云的观点，而且本身就是陈云同志提出的。理由有三：

其一，1979 年 2 月 22 日，也就是十一届三中全会闭幕后的两个月，李先念同志在听取人民银行一次会议的汇报时说："我同陈云同志谈，他同意，在计划经济前提下，搞点市场经济作为补充。""计划经济和市场经济相结合，以计划经济为主。市场经济是个补充，不是小补充，而是大补充。"①

————————

①《陈云传》（下），中央文献出版社 2005 年版，第 1632 页。

其二，1979 年 8 月 27 日，邓力群同志在国家经委、全国总工会举办的第三期企业管理研究班上讲话，专门谈计划调节与市场调节问题，其中说道："李先念同志在今年 4 月的中央工作会议上，根据陈云同志的意见，提出计划调节和市场调节相结合，以计划调节为主，同时充分重视市场调节的作用。"李先念的这个讲话，已收入他的文选，里面确有这句话。邓力群的讲话在同年 11 月由人民出版社出了小册子，公开发行。此前，他在同年 3 月国家经委办的企业管理研究班上的讲话中，就已经使用了计划调节与市场调节相辅相成的提法，并由人民出版社于 7 月出了小册子。这两个小册子，很可能是"四人帮"粉碎后最早出现"市场调节"这一提法的公开出版物。

其三，1982 年 5 月的一天，那时我正给陈云同志当秘书，他叫我去，把几张纸交给我，说这只是个提纲，原来打算写成一篇东西，但现在没有精力写下去了，要我把它们拿去，收起来。我回去一看，是讲计划与市场关系问题的，其中写道：

> 六十年来，无论苏联或中国的计划工作制度中出现的主要缺点，只有"有计划按比例"这一条，没有在社会主义制度下还必须有市场调节这一条。所谓市场调节，就是按价值规律调节，在经济生活的某些方面可以用"无政府"、"盲目"生产的办法来加以调节。
>
> 现在的计划太死，包括的东西太多，结果必然出现缺少市场自动调节的部分。
>
> 计划又时常脱节，计划机构忙于日常调度。

　　因为市场调节受到限制，而计划又只能对大路货、主要品种作出计划数字，因此生产不能丰富多彩，人民所需日用品十分单调。

　　整个社会主义时期必须有两种经济：

　　（1）计划经济部分（有计划按比例的部分）；

　　（2）市场调节部分（即不作计划，只根据市场供求的变化进行生产，即带有盲目性调节的部分）。

　　第一部分是基本的主要的；第二部分是从属的次要的，但又是必需的。

　　问题的关键是，直到现在我们还不是有意识地认识到这两种经济同时并存的必然性和必要性，还没有弄清这两种经济在不同部门应占的不同比例。

　　所以目前存在着以下两种现象。

　　该严的（必须按比例的）不严，例如：

　　基本建设的战线太长；

　　电力、运输是必须先行的，非但不先行，反而落后；

　　原料工业与加工工业的比例失调，一般来说现在加工工业多于原料工业；

　　钢铁工业内部比例失调；

　　各工业部门之间的比例失调；

　　最大的问题当然是农业与工业比例失调。

　　该宽的不宽，例如：

　　计划权力太集中；

　　农业的非计划部分现在还太紧、太死，无论是集体的

陈云《计划与市场问题》手稿

还是个人的；

地方财力用于建设太热心，因此地方财力真正机动的太少。

忽视了市场调节部分的另一后果是，同志们对价值规律的忽视，即思想上没有"利润"这个概念。这是大少爷办经济，不是企业家办经济。

南斯拉夫受到苏联打击后，没有办法，只有大撒手，让市场经济部分大发展。看来那时计划部分太少，所以后来逐步增加了计划部分。

我国社会经济的主要特点是农村人口占百分之八十，而且人口多，耕地少。

计划机关和工业、商业部门的同志对此没有深刻的认识。

如果不纠正这种认识上的盲目性，必然碰壁。

在今后经济的调整和体制的改革中，实际上计划与市场这两种经济的比例的调整将占很大的比重。不一定计划经济部分愈增加，市场经济部分所占绝对数额就愈缩小，可能是都相应地增加。①

我看后，感到这个提纲太好了，太重要了，压在我手里实在太可惜，于是向有关部门建议先在内部刊物上发表。后来，中央文献研究室决定在 1982 年 7 月份的《文献和研究》上发表，编

---

① 《陈云文集》第 3 卷，人民出版社 1995 年版，第 244—247 页。

者加了个标题叫《计划与市场问题》，问我撰写的具体时间。我问陈云同志，他说记不清了，只记得当时天气还很冷。陈云的这个提纲手稿是写在几张便条纸上的，里面有一张是1979年3月8日的台历，我便根据这张台历判定了撰写时间。这个判断也有旁证，那就是中央书记处研究室（是党的十一届五中全会成立中央书记处后，由国务院政研室与中央办公厅研究室合并而成的）的同志告诉我，他们曾在领导层和经济组范围内传达过陈云同志的这个提纲，时间大约在1979年初。这个时间与上述李先念同志在人民银行讲话的时间，也是十分接近的。

根据以上三点，我判断计划经济要与市场经济相结合这个概念，是陈云同志首先提出的，是他继20世纪50年代中期通过总结对资本主义工商业改造的经验教训，提出"三为主、三为辅"构想之后，又在"文化大革命"期间通过通读《马克思恩格斯选集》和《列宁全集》第23—33卷，深入思考社会主义经济问题而获得的重要收获。只要看过《计划与市场问题》这份提纲的人就会明白，没有对这个问题相当深入的思考，是不可能提出那样有分量的思想的。按陈云同志的习惯，他每有一个想法，总是先在小范围内讲，而且在一段时间里反复讲，直到这个想法最后完全成熟了，并且被大家所接受为止。所以，社会主义除了计划经济外也要有市场经济的想法，很可能是陈云同志先和李先念同志私下谈话时提出，先念同志在1978年国务院务虚会上讲了出去，但由于感到时机还不成熟，没印在文件上。十一届三中全会后，陈云同志把这个想法写成文字，又在中央常委会和其他小范围讲，直到感觉比较周全、比较有把握后，才由先念同志在1979

年 4 月中央工作会议上正式讲了出去,并印在了文件里,逐渐扩大到社会上。

从我刚才介绍这个概念提出的过程可以看出,在当时,"市场经济"的含义与"市场调节"是一个意思,两个词是相互混用的。例如,陈云《计划与市场问题》一文的原稿中,有的地方写"市场调节",有的地方写"市场经济"。由于《文献与研究》编辑部在发表时已是 1982 年 7 月,为了同 1981 年十一届六中全会通过的《关于建国以来党的若干历史问题的决议》中关于"在公有制基础上实行计划经济,同时发挥市场调节的辅助作用",以及陈云在 1982 年春节谈话中提出的"以计划经济为主,市场调节为辅"的提法相一致,经他本人同意,将凡是用"市场经济"的地方统一改成了"市场调节"。只是到 1995 年《陈云文选》出第二版时,才又按原稿改了回去。尽管如此,这一提法对于人们摆脱在计划与市场关系问题上的传统观念,推动计划经济体制的改革,仍然起了重要作用。正如江泽民同志后来说的:它"对推动全党解放思想、实事求是,进行突破高度集中的计划经济体制的改革,产生过广泛而深刻的影响"[1]。

过去,有些同志在宣传邓小平 1979 年 11 月同吉布尼谈话中提出的"社会主义为什么不可以搞市场经济"时,有一种说法,认为邓小平同志在 1979 年就提出要搞社会主义市场经济了。其实,只要把当时的历史背景搞清楚,就不会发生这种混乱。另外,只要把邓小平同吉布尼的谈话看完,就会看到,在那句话

---

[1] 江泽民在《陈云文选》(1—3 卷)、《陈云》画册出版发行暨纪念陈云同志诞辰 90 周年座谈会上的讲话,1995 年 6 月 14 日《人民日报》头版。

的下面，邓小平同志紧接着说："我们是以计划经济为主，也结合市场经济"①。所以，我认为邓小平、陈云、李先念他们当时说的市场经济，都是计划经济下的市场调节的意思。直到 1981 年后，这个词才逐渐规范，统一改为"市场调节"。例如，1989 年 6 月 9 日，邓小平在接见首都戒严部队军以上干部时的讲话中，仍然说："我们要继续坚持计划经济与市场调节相结合，这个不能改。"②当然，后来邓小平关于计划与市场问题的思想又发展了，直接促成了社会主义市场经济体制改革目标的确立。但他当时说的市场经济，与后来建立的社会主义市场经济并不是一回事。

为了说明在十一届三中全会前，党内一部分领导同志已在酝酿经济体制改革，还可以举出胡乔木同志在国务院务虚会发言的例子。当时，胡乔木既是国务院研究室（国务院政研室在 1977 年夏天被保留下来后，将名字中的"政治"两字去掉了）的负责人，又是中国社科院的院长，社科院也属国务院序列，因此，他参加了那个会。会议是 7 月 6 日开始的，8 月 3 日发言告一段落，9 月 9 日李先念同志要作总结发言。胡乔木同志除用很大精力修改了李先念的讲话稿外，自己还经过认真准备，于 7 月 28 日作了一个长篇发言。此前，胡乔木同志由于看到会上意见不大一致，自己手头工作又多，曾一度放弃了发言的打算。消息传开后，许多领导同志，包括胡耀邦同志见了我都说，劝劝乔木同志还是讲，大家都在等着听他的发言。在大家的劝说下，胡乔木这才重新决定发言。胡乔木同志发言后，会议出了简报。邓小平、

①《邓小平文选》第 2 卷，人民出版社 1994 年版，第 236 页。
②《邓小平文选》第 3 卷，人民出版社 1993 年版，第 306 页。

李先念同志看后都很赞赏，提出让他署名发表。他用一天时间，把发言从头到尾改了一遍，由我把修改的地方在铅印件上誊写，并加了一些注释，经过国务院研究室交给人民日报社。报社领导当即表示要从第一版开始刊登。胡乔木听说后，坚决不同意，要求他们从第二版开始登。有些同志通过我做他的工作，说这不是他个人的声望问题，而是关系为经济体制改革造声势的问题，他这才勉强接受。《人民日报》排出清样后，他又作了最后的校改。10月6日，各大报纸均从头版开始，用两个整版刊登，标题为《按照经济规律办事，加快实现四个现代化》。这一天刚巧是粉碎"四人帮"的两周年。

文章才发表出来，人民出版社就打来电话，要求出小册子。我向胡乔木同志报告，他没同意，说要继续修改。为了做好修改工作，他特意抽出半个月时间，带了社科院几个经济研究所的四五位同志，到天津、上海搞调研。其中有工业经济所的副所长薛宝鼎和朱镕基同志（他当时在该所担任一个研究室的主任），有农业经济所的所长王耕今和财贸所的副所长李更新同志，我也随着一同前往。其间，我们参观了农村生产大队、国营农场和几个工厂及港口，开了有关农业、企业管理、物资、物价、计划、工资、就业、商业、基本建设、专业化等问题的十好几个座谈会。经过调查研究，胡乔木同志对发言稿作了进一步修改，然后才交给出版社出小册子。书一印出来，立刻引起轰动，供不应求，记得仅国家经委办的一个企业管理学习班就要求印40万册。只要看看这篇文章，就不会感到公报中的那些话突然了。文章中说：

　　社会主义社会制度给了我们按客观经济规律办事的可能性，这是社会主义制度的优越性，是资本主义制度在整个国民经济发展历史范围内所不可能有的；但是要把可能性变为现实性，还要做很大的努力，还免不了有曲折，也就是毛泽东同志常说的要付学费。

　　整个资本主义社会生产的无计划性并不排除资本主义企业内部的有计划性。马克思早就着重指出资本主义企业管理的二重性，即一方面是一种由社会劳动过程的性质产生并属于社会劳动过程的特殊职能，另一方面它又是剥削社会劳动过程的职能。……正是在马克思所说的资本主义企业管理的第一种职能的意义上，无产阶级可以而且必须向资产阶级学习。

　　在社会主义条件下，商品生产和商品流通将继续长期存在，在我国还需要大大发展，价值规律在经济生活中仍然起不可缺少的作用。我们在制定和执行计划的过程中，一定要利用价值规律，反映价值规律的要求，一定要要求所有企业（包括国防工业）严格实行时间节约，不断争取劳动耗费、物资耗费（即所谓"物化劳动"的耗费）和经济效果的最优比例，严格进行经济核算，努力降低单位产品的成本，努力提高劳动生产率和资金利润率。……我们应当运用价值规律来制定我们的价格政策，……斯大林说价值规律在社会主义制度下对生产不起调节作用，至多只能说有些影响，是说得过分了。

过去，在考虑管理体制问题时，往往是从国家内部的条块关系或中央和地方关系上考虑得多些，也就是在集权和分散的问题上考虑得多些。……事实上，无论条块怎样分工，无论企业由谁管，都不能不首先从国家、企业、个人的经济关系去考虑问题。因为第一，社会主义经济的根本目的就是要提高人民（当然包括职工）的物质文化生活水平，不考虑职工的利益就违背了社会主义经济的根本目的；第二，职工和职工所属的企业是直接的生产者和生产的组织者，不首先考虑他们的利益就不可能保证生产的迅

**按照经济规律办事
加快实现四个现代化**

胡 乔 木

■《按照经济规律办事，加快实现四个现代化》单行本

速发展；第三，无论中央国家机关或是地方国家机关，由于本身是不直接承担经济利害的行政机关，往往对企业的经济活动的迫切需要比较隔膜，因此，无论不适当地集权于中央或是不适当地分权于地方，结果常是同样的不利于经济建设的发展，所谓"一统就死，一分就乱"。

要把国家、集体、个人的利益直接地结合起来，使企业中的每个人都能从物质利益上关心国家计划的完成，关心企业经营的成果。

社会主义制度要求全国的生产都能够有计划地进行，这就使社会主义国家比资本主义国家增加了计划机关和许多工业管理机关。这些机关是需要的，但是这些机关在全国各级的总和是否太大？把它们的许多经济行政工作交给一些经济组织用经济手段去处理是否更有效？……我们依靠纯粹行政方法进行工作的范围还是太大了，而且不必要地建立了许多臃肿而缺乏效率的机构，以至妨碍我们利用资本主义所已经给我们简化了的现成遗产，妨碍我们按照经济规律管理经济。

第一，纯粹行政的方法往往把普通行政机关（它们既不承担经济责任，也不实行经济核算）的办事方法照样地搬用到经济生活中去，容易考虑行政的方便，要求经济活动机械地适应行政的系统、层次、区划，而不是努力去研究、适应、运用经济规律去管理经济工作。这就助长了企业中的大而全、小而全的结构，无偿调拨、无偿供应、无偿支付、不讲经济责任和经济核算的供给制管理，经济活动衙门化、官工化、官商化的经营方法，以及相信社会意志、政府意志、长官意志的万能，因而犯主观主义的瞎指挥的错误。

第二，按照这种办法，行政机构有多少层次，涉及多少方面，经济管理也就有多少层次，涉及多少方面，很容易造成机构重叠，周转层次多，公文旅行周期长，问题长期拖延不决，极大地妨碍经济工作的效率，丧失经济活动的时机。

第三，行政的结构，无论属于条条或块块，往往同产品供产销的结构和其他经济活动的客观需要不相适应。

第四，纯粹行政方法往往不能正确地及时地反映国家、企业、职工、用户四者的物质利益及其相互关系，也往往不能正确地及时地反映中央和地方、地方和地方之间的物质利益关系。

第五，依靠纯粹行政的方法，不利于发挥下级地方、企业和广大职工的积极性、主动性、创造性，使企业缺少应有的权限，使有事业心、进取心、革命干劲的企业领导人和广大职工往往感到有劲无处使，至少是不能充分有效地使用出来，只能一切等待上级的安排和批示。

为了扩大经济组织的经济手段，胡乔木同志在发言中还提出以下建议：一是推广合同制。他说："在国家和企业（包括工业和农业企业，全民所有制和集体所有制企业）之间，以至在中央和地方、地方和地方、地方各级之间、企业和职工之间，都可以实行合同制。"二是发展专业公司。三是加强银行的作用。他说："在'文化大革命'前，我们的国家银行，通过信贷和拨款对企业的活动进行了有效的促进和监督。那时银行向企业贷款有三个基本要求：（1）企业要有物质保证；（2）要有经上级批准而起法律作用的计划；（3）要保证按期偿还。这几条在当时执行得是比较好的。"四是发展经济立法和经济司法。他说：

　　我们现在形式上虽有订货合同制度，但有不少合同不能履行或不能严格履行。即使被处罚款，不是列入成本，就是冲抵利润，对企业负责人和职工没有直接利害关系。我们发布了许多很好的条例、规定，但是它们往往不具备严格的法律形式，没有明确的法律效力。要使它们变成法律并且具有明确的法律效力，不仅需要进行郑重的经济立法，并在全国人民中间进行深入的宣传，还要有认真的严格的经济司法机关，对一切违反这些法律的企业和个人进行严肃的法律处理。

胡乔木同志在发言的第四部分"认真实行以农业为基础"中还提出，要缩小工农业产品交换价格的剪刀差，真正承认农民的集体所有制，承认生产队的自主权。他说：

为了保障人民公社的集体所有制，国家（除了法律规定的范围以外）、一切企业、机关、部队对于社队的经济关系，社队和社队，公社、大队和生产队，社队和社员之间的经济关系，都应当实行合同制，合同都应当按照一定的程序民主通过。在合同规定的范围以外的要求，社队和社员有权拒绝，违反合同而使社队和社员遭受损失，社队和社员有权取得赔偿。这样才能有真正的集体所有制。在这样的基础上，农民才会感觉到自己是自己命运的主人，是生产队、生产大队、公社和国家的主人，才会真正积极地大胆地发展农业生产，建设社会主义的现代化农村。①

我之所以不惜笔墨摘引胡乔木这篇发言中的话，是为了说明在十一届三中全会之前，党内要求经济体制改革的呼声已经强烈到了何种程度，对经济体制改革的实际研究已经深入到了何种程度。了解了这些情况，再看十一届三中全会公报中关于经济体制改革那段话，就会明白它们不是突如其来了。

2. 关于按劳分配问题

"文化大革命"后期，"四人帮"抓住毛主席关于无产阶级专政理论问题的谈话，大做反资产阶级法权的文章，实际上否定了按劳分配的原则。这恐怕也是导致在 1976 年天安门事件中，广

---

① 以上引文均见《胡乔木文集》第 2 卷，人民出版社 1993 年版，第 401—432 页。

大工人群众卷入的一个很重要的原因。因为，否定按劳分配，受到利益损害的首先是工人。另外，农民、知识分子的利益也都会直接或间接受到损害。工人、农民、知识分子没有了积极性，国民经济怎么恢复和发展呢？所以，粉碎"四人帮"后，很自然地出现了两场争论，一场是关于真理标准问题，另一场就是关于按劳分配问题。前者是思想理论上的，后者是经济理论上的。现在，研究、宣传第一个争论的文章比较多，而研究、宣传第二个争论的不多。实际上，这两场争论都为十一届三中全会作了理论上的准备。当然，第二个争论的意义和规模没有第一个争论那么大，而且比较早地取得了胜利。胜利的标志是 1978 年 5 月 5 日《人民日报》特约评论员文章《贯彻执行按劳分配的社会主义原则》的发表，它比《光明日报》那篇特约评论员文章《实践是检验真理的唯一标准》还早了六天。我认为，这两篇文章在一定意义上可以说是姐妹篇，在当时都起了重要作用。事后，我听说一位党的理论工作部门的负责人到胡耀邦同志家里说，现在理论界对这两篇文章有不同意见，理论上要慎重。耀邦同志回答说：理论上要慎重，也要有勇气。过去有"三株大毒草"，现在是不是又要搞"两株大毒草"了？！弄得来人讨了个没趣。后来，我又看到一本书上讲，那年 5 月 18 日，当时的一位分管宣传工作的中央副主席对《红旗》杂志两位交接班的负责人说："论按劳分配和真理标准这两篇文章，不知是代表哪个中央的。"这些话都从反面印证，关于按劳分配和真理标准这两篇文章，当时确实是被人并提的，有着差不多的重要地位与意义。

为什么要写按劳分配这个大块文章呢？就是因为有争论。

■ 1978 年 5 月 5 日和 5 月 11 日由《人民日报》和
《光明日报》先后发表的两篇特约评论员文章

1977年，记得是在科学会堂，开过几次关于按劳分配的讨论会，我也去听了，两种观点争论很激烈。为了澄清"四人帮"造成的思想混乱，系统地回答对按劳分配原则的种种非难，在胡乔木、邓力群、于光远等同志的共同主持和邓力群同志的具体组织下，国务院政研室写作组着手写了这篇文章。

对按劳分配问题，邓小平同志在没有正式恢复工作之前就开始关注了。他在1977年5月24日同王震、邓力群谈话时专门谈了尊重脑力劳动的问题，他说：

> 要从科技系统中挑选出几千名尖子人才，这些人挑选出来之后，就为他们创造条件，让他们专心致志地做研究工作。生活有困难的，可以给津贴补助。现在有的人家里有老人孩子，一个月工资几十元，很多时间用于料理生活，晚上找个安静地方读书都办不到。这怎么行呢？……一定要在党内造成一种空气：尊重知识、尊重人才。要反对不尊重知识分子的错误思想。不论脑力劳动，体力劳动，都是劳动。从事脑力劳动的人也是劳动者，将来，脑力劳动和体力劳动更分不开来。发达的资本主义国家有许多工人的工作就是按电钮，一站好几小时，这既是紧张的、聚精会神的脑力劳动，也是辛苦的体力劳动。要重视知识，重视从事脑力劳动的人，要承认这些人是劳动者。①

---

① 《邓小平文选》第2卷，人民出版社1994年版，第40—41页。

在关于按劳分配那篇文章写作的过程中，邓小平同志也始终给予了密切关注，而且提出了具体的修改意见。因此，这篇文章也可以说是在他的支持与指导下写成和发表的。1978年3月28日，他约胡乔木、邓力群去谈那篇文章，一上来就说："文章我看了，写得好，说明了按劳分配的性质是社会主义的，不是资本主义的。有些地方还要改一下，同当前按劳分配中存在的实际问题联系起来。"然后，他说：

> 我们一定要坚持按劳分配的社会主义原则。按劳分配就是按劳动的数量和质量进行分配。根据这个原则，评定职工工资级别时，主要是看他的劳动好坏、技术高低、贡献大小。政治态度也要看，但要讲清楚，政治态度好主要应该表现在为社会主义劳动得好，做出的贡献大。处理分配问题如果主要不是看劳动，而是看政治，那就不是按劳分配，而是按政分配了。总之，只能是按劳，不能是按政，也不能是按资格。

> 我们实行的是低工资政策，这是一个相当长时期的政策。现在八级工的工资最高额是一百零几元，将来随着生产的发展，工资要逐步提高，各级工资数额要有所增加。现在小学教员的工资太低。一个好的小学教员，他付出的劳动是相当繁重的，要提高他们的工资。将来，有些教得很好的小学教员，工资可以评为特级。各行各业都要设立特级，以鼓励人们终身从事自己的职业。

> 要实行考核制度。考核必须是严格的、全面的，而且

是经常的。各行各业都要这样做。今年职工提级要根据考核的成绩，合格的就提，而且允许跳级，不合格的就不提。

要有奖有罚，奖罚分明。对干得好的、干得差的，经过考核给予不同的报酬。我们实行精神鼓励为主、物质鼓励为辅的方针。颁发奖牌、奖状是精神鼓励，是一种政治上的荣誉。这是必要的。但物质鼓励也不能缺少。在这方面，我们过去行之有效的各种措施都要恢复。奖金制度也要恢复。对发明创造者要给奖金，对有特殊贡献的也要给奖金。搞科学研究出了重大成果的人，除了对他的发明创造给予奖励外，还可以提高他的工资级别。如果他干了几年，干不出成绩来，就应该让他改行。……稿费制度也要恢复，并根据新的情况加以修订。

……总的是为了一个目的，就是鼓励大家上进。①

过了一个月，4 月 30 日，邓小平同志又找胡乔木、邓力群、于光远去谈话。他说：“今天找你们来，主要是谈按劳动分配的文章。文章其他部分都可以了，最后一部分中讲到工资改革，有些话要说得活一点。工资级别一定要有，而且定级别一定要以技术为主。工人的工资是不是一定是八级，还可以考虑。上海在八级之外，又加了半级。不一定就是八级，改成十级，十二级都可以嘛！也许不需要搞上海那么多级。总之，八级工资制需要作些改革。还有行政人员的工资级别，也有一个改革问题。”胡乔木同

---

① 《邓小平文选》第 2 卷，人民出版社 1994 年版，第 101—102 页。

志说："文章再改一改，改后是不是再送给您看一下？李先念已看过这篇文章，他的意见是可以发表了。"邓小平同志说："我不看了，不知先念同志有没有时间看。我看这篇文章可以了，你们稍微改一改，就送《人民日报》，可以用特约评论员的名义发表。"

引这些话，除了想说明十一届三中全会公报上关于要认真执行按劳分配原则的提法，事先也有一个争论的过程以外，还想说明这样一个问题，就是如何理解邓小平同志在中央工作会议讲话中提出的："允许一部分地区、一部分企业、一部分工人农民，由于辛勤努力成绩大而收入先多一些，生活先好起来。"把他的这段话与刚才引用过的几个谈话联系起来，我理解，这里讲的允许一部分人先好起来的意见，其基本精神与贯彻按劳分配的意见是一致的，是对按劳分配、多劳多得原则的一种发挥。允许一部分人先富的政策是完全正确的，是合乎社会主义客观规律的。但在宣传和执行这一政策时，应当把它和按劳分配原则联系起来。邓小平同志在 1978 年 9 月曾说过："不能搞平均主义。毛主席讲过先让一部分人富裕起来。"[①]只要坚持先富起来的人主要是通过按劳分配而不是按资分配，先富和后富的差距就不会过于悬殊，就不会出现两极分化。现在一些地方在宣传和执行这一政策时，把它和按劳分配原则相割裂甚至相对立，这是违背邓小平理论的。另外，邓小平同志也说过，要提倡一部分人和一部分地方由于多劳多得，先富裕起来，又要反对只顾自己和本单位多得，不照顾左邻右舍，不顾及整个国家

①《邓小平年谱（1975—1997）》（上），中央文献出版社 2004 年版，第387 页。

利益，造成不合理的苦乐不均的问题。所以，宣传和执行允许一部分人先富的政策时，一定要全面，不能只讲一面，否则也是违背邓小平理论的。

（三）关于解决重大历史遗留问题

一批重大冤假错案的平反，是在十一届三中全会前的中央工作会议上提出并得到集中解决的。全会公报指出："会议认真地讨论了'文化大革命'中发生的一些重大政治事件，也讨论了'文化大革命'前遗留下来的某些历史问题。"会议否定了1975年的"反击右倾翻案风"，肯定了1976年的天安门事件完全是革命行动，审定和纠正了过去对彭德怀、陶铸、薄一波、杨尚昆等人所作的错误结论。这些虽然引起了强烈的社会反响，但也并非突如其来，而是有着前因后果和从量变到质变的过程。

早在粉碎"四人帮"之后不久，平反"文化大革命"中的冤假错案的事情就被提了出来。尽管是就事论事，零零星星，而且阻力重重，需要一件一件地去争取，但还是取得了不少进展。比如，国务院政研室曾被"四人帮"污蔑为"右倾翻案风的黑风口"、"邓记谣言公司"，但在粉碎"四人帮"后不仅不能恢复工作，反而要被撤销。这个冤假错案，就是当时处在中央领导层的李先念等同志通过积极做工作翻过来的。那时，迫于那位康生秘书的压力，国务院不得不宣布将政研室撤销。但当政研室的领导向有关部门提出，在没有查清机关内部与"四人帮"有牵连的人和事之前，机关不能解散时，立即得到了李先念同志的支持，使这支由邓小平一手组建的思想理论队伍一直坚持到小平同志复出，从而最终被保留了下来。

从《邓小平年谱》中可以看到，邓小平同志刚刚恢复工作后，就开始受理与冤假错案有关的申诉信。陈云同志当时虽然还只是一般的中央委员和人大常委会副委员长，但他靠自己在党内的资历和威望，也在平反冤假错案方面起了很大作用。在邓小平、叶剑英、李先念同志的共同支持下，胡耀邦同志于 1977 年底出任中央组织部部长，大大加快了平反冤假错案的速度。有一件事是我亲身经历的。大约在 1978 年夏天，我在街上碰见安子文同志的儿子安民，他拿着一封为他父亲申诉的信，说要送给中办信访局，他们不肯收，让他送给有关部门，他也弄不清楚该往哪儿送。我让他给我，然后交给了叶帅的侄子叶选基。他把信给了叶帅，叶帅转给了华国锋，华要胡耀邦办。后来听说，耀邦同志已经在布置中组部的有关部门对所谓"六十一人叛徒集团"案进行复查。这为十一届三中全会之后较快地平反这一特大冤案提供了充分条件。正是由于平反冤假错案的工作在老一代革命家的推动下取得了一定进展，才使一大批在"文化大革命"中被打倒的老干部得以在三中全会之前就走上了领导岗位。这是三中全会前的中央工作会议的代表成分之所以发生有利于党内正确力量的变化，党的马克思主义路线在这次会议上之所以重新确立的一个十分重要的原因。

下面，我着重谈谈有关陈云同志在粉碎"四人帮"后为平反冤假错案所做工作的一些情况。

1976 年 10 月 18 日，陈云同志在答复前面提到的李先念同志征求他对今后工作的意见时，除了讲要"大力抓生产"、"尽快使老干部站出来"之外，还明确提出要对天安门事件重新审查。他在写给李先念的便条上是这样说的："要再查一查今年四月天安门事件的真相；当时绝大多数人是为悼念总理，尤其担心接班人是谁？混在人群中的坏人是极少数；'四人帮'对这件事有没有诡计？"①

同年 11 月 25 日，陈云同志致信叶剑英并华国锋，转交黄克诚夫人关于请求允许黄由山西回京治疗眼疾的信，并在信上说："黄克诚是红三军团的老干部，军队干部对他比较熟悉。解放战争时期他带新四军三师到东北。全国解放后，他在担任总参谋长时参加中央财经小组与我接触较多，曾有几次应我要求调动军队汽车支援河北农田基本建设，感到他是照顾全局的，为人是克己朴素的。他的眼一只已瞎，另一只也很危险，为了治愈他唯一的一只眼睛，请考虑调他回京治疗。"②由于黄是所谓"彭黄张周反党集团"的二号人物，此事被提交政治局会议讨论后才获得了同意。这既为黄克诚恢复工作创造了条件，也为"彭黄张周反党集团"一案的平反迈出了第一步。

有一件事，我在引言中简单提了一句，这里再详细讲讲，那就是陈云同志在 1977 年 3 月中央要召开工作会议上提出天安门事件平反和邓小平恢复工作的问题，结果受到压制的事。会议前夕，叶剑英鉴于已向华国锋多次提出恢复邓小平工作的问题，但

①《陈云传》（下），中央文献出版社 2005 年版，第 1444 页。
②《陈云年谱》下卷，中央文献出版社 2000 年版，第 205 页。

迟迟不见动静，托人带话给陈云、王震等老同志，让他们在会上提出天安门事件平反和小平同志恢复工作的问题，以上下呼应，促其实现。陈云同志对此十分重视，先同胡乔木同志商量，写出了一个发言稿，然后又约王震、萧劲光、王诤等同志到耿飚同志家聚会，商定在会上提出为天安门事件平反和小平同志恢复工作的问题，以呼应上层的正确意见，促进问题早日解决。陈云同志后来回忆这件事时说："本来到王诤家里头，他说，他家里头不好，到耿飚家里头，五个人。我说，把这个稿子看一看。耿飚说，稿子就要写到这样才好。"①

大概华国锋同志事先也了解党内外的反映，担心大家提这两

■ 陈云（左）与黄克诚交谈（作者 摄）

---

①《陈云传》（下），中央文献出版社 2005 年版，第 1448 页。

个问题，所以会议一开始就在讲话中重申 2 月 7 日 "两报一刊" 社论提出的 "两个凡是"，坚持说天安门事件是反革命事件，继续 "批邓、反击右倾翻案风" 是正确的，并在各小组召集人会议上打招呼，要求大家在发言中不要触及天安门事件和邓小平恢复工作等 "敏感" 问题。但陈云、王震等不顾高压，仍照会前约定，在各自小组内发了言。

陈云同志的发言由于事先已写好，故作为书面发言，提交给了他所在的西南组。他在发言中提出：1. 天安门事件时，绝大多数群众是为了悼念周总理，尤其关心周总理逝世后党的接班人是谁，需要查查在这件事的处理上 "四人帮" 是否插了手，是否有

■ 陈云（左）与王震握手（作者 摄）

诡计。2. 邓小平同志与天安门事件无关，为了中国革命和中国共产党的需要，听说中央有些同志提出让他重新参加党中央的领导工作，是完全正确、完全必要的，我完全拥护。这个发言并不长，现已收入《陈云文选》，数一下就知道，连同标点符号总共三百零几个字符。然而会议简报组却提出或者修改，或者搞"摘要"，总之，要删去要求为天安门事件平反和恢复邓小平工作的话。陈云同志问："为什么要删去这些话？"对方答："因为这些话同华主席讲话口径不一致。"陈云同志说："如果要求每个人的讲话都得和领导的口径一致，那好办，只要每期简报都把领导讲话重复一遍就是了。"他还说："要登我的发言就全文登，搞摘要不行。"后来听陈云同志的孩子告诉我，当天晚上，华国锋本人还为此亲自跑到陈云同志家登门拜访，劝他同意简报组的删改。谈话一直持续到深夜，陈云同志始终没有吐口。他说，我宁可"开天窗"也不改。"开天窗"指的是"皖南事变"时国民党将《新华日报》揭露事变真相的社论予以扣压的典故。结果，这篇发言果然没登简报。

王震同志的发言说：毛主席讲"小平同志政治思想强，人才难得"。小平同志1975年主持中央和国务院工作取得了巨大成绩，是同"四人帮"作斗争的先锋，全党全军全国人民热切希望他早日出来帮助华主席、叶副主席工作。天安门事件是首都人民对周总理自发的悼念和对"四人帮"罪行的群众性声讨，不承认这个本质和主流，实际上是替"四人帮"进行辩护。这篇发言也没给登简报。

尽管如此，陈云、王震的发言还是不胫而走。在叶剑英的促进下，会议临近结束时，华国锋同志表了个态，说"要在适当时机让邓小平同志出来工作"。陈云同志在小组会上马上叮了一句，说："适当时机，我赞成。"正是这个结果，使邓小平复出的问题提上了日程，并在党内相当大的范围里被公开出来。它实际上等于在"两个凡是"的方针上打开了一个缺口。过了四个月，在十届三中全会上终于恢复了邓小平同志被免去的党中央副主席、国务院副总理、中央军委副主席兼总参谋长等全部职务。正是因为有了这些职务，才使邓小平有条件用一年多时间，从思想、舆论、组织上为马克思主义路线在十一届三中全会上的胜利作好了准备。对于这件事，胡耀邦同志在 1980 年中央的一次会议上有个评价。他说："虽然陈云、王震同志那个提议没有成功，但是它发生的影响是不能低估的，它揭开了拨乱反正的真正序幕。"

1977 年 9 月，陈云同志应邀两次去革命博物馆审查党史陈列，边看边谈，澄清了很多历史问题。当看到说明词中关于刘少奇的"和平民主新阶段"问题时，他说：这句话不要再提了，这是见之于文件的，"文化大革命"中对此批得很厉害，我查文件，发现东北局"七七"决议（指 1946 年 7 月 7 日中共中央东北局扩大会议通过的《关于形势和任务的决议》——笔者注）也有这句话。这个决议是我起草的，但我不可能发明创造这句话。后来问总理，他说这是 1946 年 1 月 17 日停战令上的话。

1978 年 1 月 3 日，陈云同志致信华国锋、叶剑英、邓小平、李先念、汪东兴，转送胡耀邦关于王鹤寿历史问题的来信，并指出：王是 1937 年 7 月国共合作时我党从国民党监狱中要出来的。在审查党的七大代表资格时，从当时的所有材料看，他的历史是清楚的。建议由中组部把他的材料再审查一次，并把他调回北京治病。此前，已出任中央组织部部长的胡耀邦同志为了解决王鹤寿的历史问题，考虑到陈云同志在延安时代长期担任中组部部长，是王的老上级（王鹤寿当时在中组部任干部科科长），故给陈云同志写信，希望他能出面向中央说说话。事后，王鹤寿同志被从外地接回北京，解除了监护，恢复了党的组织生活。

同年4月24日，陈云同志致信华国锋、叶剑英、邓小平、李先念、汪东兴，转交曾志同志关于陶铸历史问题的来信，指出：陶是国共合作后由我党从监牢中向国民党要出来的。此案涉及一大批省部级干部，弄清陶铸问题非常必要。建议由中组部主持，会同专案组，将全部案卷和有关人员都调到北京，再审查一次。

前些年有人说，在提出"两个凡是"的"两报一刊"2月7日社论发表之前，中央政治局已经决定恢复邓小平的工作。如果真是那样，就解释不了为什么叶帅在1977年3月中央工作会议之前还要托人请陈云、王震同志在会上发言，提出小平同志恢复工作的事；也解释不了为什么华国锋同志不允许会议简报刊登陈云、王震关于让小平同志尽早恢复工作的发言。

那年9月11日，陈云同志还就徐懋庸的问题致信胡耀邦，证明毛主席确实讲过，徐给鲁迅的信是错误的，但他还可以教书，而且确实被安排到抗大当了教员；从来没有听毛主席说过30年代上海文艺界两个口号的论争是革命与反革命的论争，也没有听毛主席说过"国防文学"是反革命口号。信中建议中组部、中宣部对这类问题作出实事求是经得起历史检验的评价，作评价时，必须把他们的是非功过放到当时的历史环境中考察。信中还说，这件工作今年就要做，因为知道情况的人年龄都老了，再不动手就迟了。

还有一件事，也是在十一届三中全会之前就已经开始做工作了，那就是为潘汉年一案平反。电视连续剧《潘汉年》说："1982年，陈云同志登高一呼，使潘案得到解决。"实际情况是，早在粉碎"四人帮"之后不久，陈云同志就委托当年上海地下党的负责人之一刘晓收集有关潘案的材料。三中全会后的1979年10月，陈云同志要动结肠癌手术。手术前，时任中央副秘书长的姚依林问他有何交代，他便给胡耀邦同志写了一封短信，别的没说，只提出潘案需要重新审查。1981年3月1日，陈云同志又正式致信当时的中央政治局常委邓小平、李先念、胡耀邦、赵紫阳，说：我收集了一些公安部的材料和与潘汉年同案人的材料，并无潘投敌的确证。现在所有与潘案有关的人都已平反，建议中央对潘案正式予以复查，交中纪委办理。随后，中纪委着手进行复查。同年11月8日，陈云同志在人民大会堂接见原特科工作者座谈会的代表，讲话中又提到潘案，说"中纪委正在平反，我相信他必将恢复名誉"。那时我已调任陈云同志秘书，随他一起去的大会堂，亲耳听到了这句话。到1982年8月23日，中央发出了《关于为潘汉年同志平反昭雪恢复名誉的通知》，使这个建国后时间最长的冤案也得到了平反。所以，陈云同志为了潘案的解决，前前后后用了五六年时间。

陈云同志对冤假错案采取的是历史唯物主义的态度，对制造

■ 陈云（右一）在北京会见参加原特科工作者座谈会的老同志。
左起：刘鼎、李一氓、陈仰山、李强（1981年冬）

冤假错案的人，同样采取历史唯物主义的态度，并不是搞以牙还牙、冤冤相报那一套。有两个例子最能说明问题。

第一，两案（即林彪反革命集团案和江青反革命集团案）主犯公审前，中央政治局讨论量刑问题。当时特别法庭提出拟判江青死刑，绝大多数人都赞成。陈云同志表示不同意，说党内不能开杀戒。有人说，党内也可以开杀戒。他说党内开了杀戒，对后代不好交待。如果一定要杀，请在会议记录上写上"陈云不同意"。后来，大家冷静下来，终于接受了陈云同志的意见，决定建议特别法庭判江青为死刑，缓期两年执行。1983年，缓刑期满，有关部门请示中央如何处理？我那时因为担任陈云同志秘书，同邓小平、叶剑英、李先念同志的秘书一起，列席中央书记处的会议。会议要我们回去问问这几位老一代革命家的意见，我问陈云同志，他说不管怎么处理，只要不杀就成。后来，在我离开陈云同志秘书岗位之前，他同我谈了一次话，又提到这件事。他说："审判'四人帮'，政治局开会讨论，许多同志主张判江青死刑。我说不能杀，同'四人帮'的斗争终究是一次党内斗争。有人说，党内斗争也可以杀。我说党内斗争不能开杀戒，否则对后代不好交待。"现在回过头看，如果当时真的杀了江青，效果肯定不好。

第二，中纪委在对两案人员进行审理时，碰到一个大问题，就是对"文化大革命"被结合的老干部或者军代表中一些跟着林彪、"四人帮"跑的人怎么处理。他们写报告给陈云，陈云同志经过考虑，于 1981 年 11 月 19 日作了一个答复。在答复之前，他为示慎重，把意见先写了出来，并在文字上反复推敲。书面意见指出："1966 年开始的'文化大革命'是一场内乱。但这是一场政治斗争。这是在特定的历史条件下的政治斗争。""因此，除了对于若干阴谋野心家必须另行处理以外，对于其他有牵连的人，必须以政治斗争的办法来处理。""这种处理办法，既必须看到这场斗争的特定历史条件，更必须看到处理这场政治斗争应该使我们党今后若干代的所有共产党人，在党内斗争中取得教训，从而对于党内斗争采取正确的办法。这是处理这场政治斗争的前提。"① 正是这个意见，解脱了一大批人。他还讲过一个意见，就是对林彪集团和江青集团的人要区别对待，前者中不少

---

① 《陈云文选》第 3 卷，人民出版社 1995 年版，第 304 页。

■ 对江青反革命集团的公开审判。前排被审人员右起：江青、姚文元、王洪文、张春桥

人有战功，对年老有病的要保外就医。记得那时林彪集团案中的一个主犯，保外就医被安排到西安。陈云看到文件后批示，说此人有心脏病，不宜放在海拔太高的地方。有关部门根据这个意见，把那个人重新调整到了平原地区。

在叶剑英、邓小平、陈云、李先念等老一代革命家的努力下，十一届三中全会之前虽然还有许多重大历史遗留问题未得到解决，但毕竟开始了解决这些问题的进程，使不少老干部重新走上了领导岗位。另外，还要看到，"九一三"事件之后，在周总理推动，毛主席批准下，已经有不少地方和军队的老干部恢复了领导工作。尽管其中很多人在后来的"批邓，反击右倾翻案风"运动中又受到冲击，但职务还都保留着。正因为如此，参加十一届三中全会及此前中央工作会议的代表成分才有利于正确方面，陈云同志在会议上的那篇重要发言才会取得一呼百应的效果，邓小平在会议期间的因势利导、运筹帷幄才可能发挥出巨大作用，从而为三中全会的胜利提供了组织上的保证。

（四）关于肯定真理标准问题讨论和提出健全民主与法制、加强党内民主集中制

三中全会在公报中对真理标准问题的讨论作了结论，认为这对于促进思想解放、端正思想路线具有深远的历史意义。公报还提出，在"过去一个时期内，民主集中制没有真正实行，离开民主讲集中，民主太少"；"为了保障人民民主，必须加强社会主义法制，使民主制度化、法律化，使这种制度和法律具有稳定性、连续性和极大的权威，做到有法可依，有法必依，违法必究"。我把真理标准讨论与民主集中制这两个问题放在一起说，是因为这两个问题看似两回事，实际上相互关联。为什么要搞真理标准问题讨论？就是因为当时有"两个凡是"的方针。"两个凡是"的实质是离开民主讲集中，是一个人说了算。一个人说了算，在理论上讲是违反实践是检验真理唯一标准的原则，在政治上讲是违反民主集中制的原则。

对"两个凡是"最早提出批评的是邓小平同志。前面提到，1977年2月7日"两报一刊"社论提出"两个凡是"后，邓力群通过王震同志向邓小平反映了不同意见。1977年3月中央工作会议结束后，汪东兴、李鑫去邓小平家，邓小平同志对他们讲，"两个凡是"不行，按"两个凡是"，就说不通为我平反的

问题，也说不通肯定 1976 年广大群众在天安门广场活动"合乎情理"的问题（这两条都是华国锋在 3 月工作会议临近结束时讲的——笔者注）。5 月 24 日，他与王震、邓力群同志谈话时又明确指出："两个凡是"的方针不行，马恩列斯和毛泽东都没有说过"凡是"，应当把毛泽东思想当作体系来看待。以后，他又多次讲，对马克思、列宁、毛泽东的话，不能照抄照搬照转；实事求是是毛泽东哲学思想的精髓，是毛泽东思想的出发点、根本点，必须完整准确地理解和运用毛泽东思想。为了呼应邓小平，也为了批驳"两个凡是"，陈云同志以纪念毛泽东逝世一周年为契机，于 1977 年 9 月在《人民日报》上发表了一篇文章，题为《坚持实事求是的革命作风》。其他老一代革命家聂荣臻、徐向前等也纷纷写文章，强调实事求是，一切从实际出发。正是在邓小平、陈云等老一代革命家这些意见的启发和鼓舞下，理论界发起和广泛深入地开展了对真理标准问题的讨论。有关讨论的情况，现在出的书和文章很多，这里只想补充一个情况。

"八九风波"之后，有一个跑到海外去的人写书，说胡乔木反对真理标准问题的讨论，并且讲了两件事。一件是讲，1978 年 6 月 20 日胡乔木到胡耀邦家中说：这场争论是党校挑起的，他不同意争论下去，要立即停止争论，《理论动态》不能再出可能引起争论的文章了。另一件是讲，有一次胡乔木在一个干部大会上讲话时说：他可以负责地讲，中央在真理标准问题上是一致的，谁说中央内部有不同意见，谁就是分裂党中央。现在，国内出版的书中也有这么写的。他们说的第一件事我不知道，事后也没听说过；第二件事我不在场，但知道确有其事。

对真理标准问题的讨论，胡乔木同志当时确实有一个意见，叫做"坚持原则，坚持平稳"。我认为，这里存在两个问题，第一是这个意见对不对，第二是这个意见属于什么性质。他讲"谁说中央在真理标准问题上有不同意见谁就是分裂中央"的那次会我没去，但会后很快就接到了一位同志打来的电话，对他这个话表示强烈不满，我听后也感到迷惑不解。我把意见向他反映后，他解释说，这是针对前几天有人在公开场合说中央领导在真理标准讨论问题上有不同意见而讲的。但我觉得，即便如此，话也不该那么讲，因为广大群众并不清楚内幕，很容易误会这是针对反对"两个凡是"的同志。其实，胡乔木同志并不是也不可能是反对真理标准问题讨论的，而只是主张讲究讨论的方法。他长期在中央核心部门工作，深知对外维护中央领导团结形象的极端重要性，并且一向注意维护，担心中央的分歧暴露出去，特别是暴露在外国人面前，会削弱中央的力量。但对实践是检验真理的唯一标准这个原则，对有组织地恰当地讨论这个问题，他不仅不反对，而且一直是积极参与的。

别的不说，就说陈云同志纪念毛泽东逝世一周年的文章《坚持实事求是的革命作风》，这篇文章就是胡乔木参与意见并且亲自修改的。文章中说："实事求是，这不是一个普通的作风问题，这是马克思主义唯物主义的根本思想路线问题。……是否坚持实事求是的革命作风，实际上是区别真假马克思列宁主义、真假毛泽东思想的根本标志之一。"① 很明显，这些话完全是针对"两

---

① 《陈云论党的建设》，中央文献出版社1995年版，第226页。

个凡是"的。这篇文章刊登于 1977 年 9 月 28 日，当时《光明日报》那篇文章还没发表。

还有，邓小平同志在 1978 年 6 月 2 日全军政治工作会议上的讲话，《解放军报》的标题说是"精辟阐述毛主席关于实事求是的光辉思想"。这篇讲话正是胡乔木起草的。邓小平在讲话中说："有一些同志天天讲毛泽东思想，却往往忘记、抛弃甚至反对毛泽东同志的实事求是、一切从实际出发、理论与实践相结合的这样一个马克思主义的根本观点、根本方法。不但如此，有的人还认为谁要是坚持实事求是，从实际出发，理论和实践相结

■ 陈云（左）同胡乔木交谈（作者 摄）

合，谁就是犯了弥天大罪。"① 如果说胡乔木反对真理标准问题讨论，起草这篇讲话又当如何解释呢？

1978年9月13日，胡乔木同志在全国哲学社会科学规划会议预备会上讲话，有一段专门讲真理标准讨论问题，他说：

> 《光明日报》那篇特约评论员文章，听说本来是外省的一位教师写的。文章的内容是宣传马克思主义认识论的一个根本原理：实践是检验真理的唯一标准。我们完全同意这篇文章的观点。但是这样的一个马克思主义的基本原理，而且是毛主席特别着重宣传和反复宣传过的基本原理，竟然会成为问题，这个事实本身，就说明进行这场讨论是多么及时，多么中肯，多么必要。宣传马克思主义的基本原理都成为问题，难道还不要大声疾呼吗？如果对这样的问题还不大声疾呼，而是袖手旁观，保持沉默，明哲保身，那确实就像毛主席所说的，这些同志自称学得的马克思主义跑到哪里去了呢？这样的社会科学工作者对于党和人民还有什么存在的必要呢？毛主席说过：可恨的是一个共产党员不宣传马克思主义，共产党员不宣传马克思主义，何必做共产党员！因此，《光明日报》发表这篇文章，《人民日报》转载了，这是完全正确的。

胡乔木同志之所以讲这段话，既带有澄清前一时期理论界对

---

① 《邓小平文选》第2卷，人民出版社1994年版，第114页。

他的态度有所误会的成分，也带有对真理标准讨论问题正式表态的意思。如果说胡乔木压根儿就反对实践是检验真理的唯一标准，反对真理标准问题讨论，那么，即使他要表态，也说不出这么一篇饱含感情的话。

前面提到，那年10月胡乔木同志为进一步修改他在国务院务虚会上的发言，到上海搞调查研究。当时，上海市委宣传部希望他就真理标准问题作一次报告，他也答应了。后来，市委常委在讨论要不要对真理标准问题表态时，有人在会上说"乔木同志正在上海，如果上海市委表态，人家会认为乔木同志此行带有特殊使命"，并以此为由表示反对表态。胡乔木听说这件事后，为了不给这些人反对表态提供借口，收回了作报告的打算。当时还听说，上海市委领导就要不要表态的事征求江苏省委第一书记许家屯的意见，许回答了一句很有名的话，叫做"两边打炮，中间卧倒"。意思是说，周围各省都在表态，我们不要表态。许在"两个凡是"盛行的时候，对当时的中央主要负责人去江苏视察，布置过群众夹道欢迎、高呼万岁的场面；在"八九风波"后又一个"小差"开到海外去了。他当时的那种态度，才真正叫做反对真理标准问题的讨论。如果说胡乔木同志当时一度主张把讨论的调子降一降，或者暂时停止一下，这些意见不一定对，但绝不是什么反对讨论，更不是反对实践是检验真理唯一标准的提法，而是出于维护中央团结形象的一种考虑，属于领导层内部研究怎样做对工作更有利的性质，是完全正常的，应当允许的。

前面还提到，1978年5月18日，负责宣传工作的那位中央副主席在《红旗》杂志新旧两任负责人交接班的会上表示对报纸公开发表论按劳分配和真理标准这两篇文章强烈不满，对公开发表《实践是检验真理的唯一标准》一文更是恼火，说它"在思想上是反动的，在政治上是砍旗的"。后来，我听杂志社里一位同志说，他们正在奉命写一篇批驳实践是检验真理唯一标准的文章，题为《重温〈实践论〉》。我从他那里拿到一份清样，交给了社会科学院哲学所的同志，请他们看看，并提些意见。他们以所党支部的名义写了六条意见，退给了我。我交给了叶选基，叶选基通过叶帅秘书交给了叶帅。后来，我听叶选基说，叶帅看了这份材料后，在政治局常委会上提出，现在理论界对真理标准的问题有不同意见，是否也像国务院开务虚会那样，开个理论务虚会。1978 年 10 月 3 日，邓小平同志与胡乔木、邓力群、于光远谈话时也提到了《红旗》杂志那篇文章和开理论务虚会的事。他说："要开理论务虚会，是叶帅看到《红旗》那篇文章提出来的。要发表那样的文章，索性扯开来，开个理论务虚会。后来，汪副主席过问这个事，说〔文章〕不登了，他觉得发这样的文章不好。如果登的话，索性讲清楚；不登的话，真理标准的讨论差不多了。"说到这儿，他问："报纸上有多少省对这个问题发表意见了？"邓力群回答说："大概有一半了。"（当时已表态的省有 20 个，最早表态的是甘肃省委第一书记宋平，他早在 6 月 25 日省委召开的理论工作座谈会上就明确指出："实践是检验真理的唯一标准。"6 月 27 日，省委宣传部和《甘肃日报》又根据他的指示，联合召开了关于真理标准问题的座谈会，并在 6 月 30 日《甘肃日报》显著位置上刊登

■ 1978年8月4日《人民日报》关于
中共黑龙江省委开会讨论真理标准问题和
民主集中制问题的报道

了座谈会的消息。但在《人民日报》上，最早登出的表态讲话是黑龙江省委第一书记杨易辰的——笔者注）邓小平同志接着说："现在发的文章不少了，省委写的文章也不少了，问题不算已经解决，但这样的问题还得慢慢来，可以告一段落。请你转告一下胡绩伟。"（时任人民日报社总编辑——笔者注）邓小平同志尽管这样讲了，但到了中央工作会议时，大家还是照样热烈地讨论真理标准问题，我们能够因此就说邓小平关于讨论告一段落的意见是反对讨论吗？显然不能。

正是由于胡乔木同志比较注重中央对外口径的一致性，所以在工作会议上，当华国锋于11月25日代表中央政治局讲了八个问题却没有讲"两个凡是"和真理标准问题讨论后，不是别人，正是胡乔木在小组会发言中提出，希望华国锋同志在会议结束时能谈一下实践是检验真理的唯一标准问题，对这次讨论作出一个结论。他说："这个问题本来是一个理论问题，但在两个意义上也是政治问题。第一，搞清楚这个问题，对于解放思想，搞好当前工作，加速四化建设，正确处理遗留的各种案件等等，都具有指导意义。第二，对这个问题的讨论，绝大多数省、市和大军区负责人都表了态，这也就不是一般的理论问题了。在这种情况下，如能对这个问题谈一下，对于统一全党思想，巩固安定团结，澄清国内外各种猜测和不正确的传说，将有很大好处。"后来，在会议闭幕时，华国锋表了态。特别是邓小平的讲话中，用很大篇幅阐述了这个问题，给这次讨论作了结论。对此，由胡乔木主持起草的全会公报是这样写的："会议高度评价了关于实践是检验真理的唯一标准问题的讨论，认为这对于促进全党同志和全国人民解放思想，端正思想路线，具有深远的历史意义。一个党，一个国家，一个民族，如果一切从本本出发，思想僵化，那它就不能前进，它的生机就停止了，就要亡党亡国。"① 这个事实也说明，根本不存在什么胡乔木同志反对真理标准问题讨论的问题。如果有人一定要在书刊上批评胡乔木对真理标准问题讨论的态度，那就应当全面介绍他在这方面说过的话、办过的事，而不应当攻其一点，不及其余。我想，这是领教过"文化大革命"造反派搞揭发批判、无限上纲那一套后，在点名批评别人时应当格外注意的。

关于十一届三中全会前党内对民主与法制问题和民主集中制问题的认识，我只想讲一件事。就在刚才说到的 1978 年 10 月 3 日的那次谈话中，邓小平同志还谈了一个非常重要的意见。他说：

> 现在关于民主的问题讨论得不够，这个问题很重要，要展开讨论。民主和法制实际上是一件事情。法制确实需要搞，民法、刑法要搞，都没搞成。没有法确实是不行，没有法，他就乱搞。现在是领导人说的话就叫做法，不赞成领导人说的话就叫违法，这种状况不能继续下去了。没有法，光凭领导人的话来量刑，量刑就没有标准，人们也不知道什么叫做守法。（胡乔木插话：唐太宗时，长孙无忌提出要立法，唐太宗说，干吗要立法？我讲的话还不算法

---

① 《三中全会以来重要文献选编》（上），人民出版社 1982 年版，第 12 页。

吗？长孙无忌说，这不行，因为你的话一次一次不一样，究竟以哪个为准？唐太宗被长孙无忌说服了。）这对的嘛！谁讲话也会前后有所不同的，就是讲得对的，这次和那次讲的也不会一样，因为时间、地点、条件不同，何况讲的不见得都对，不能是百分之百的对，起码也不完备。……现在报纸上的宣传，理论上的讨论，要换个题目，把民主、法制这个问题讲一讲。这个问题多年没有讲了，现在人们根本没有法的观念，连普通常识都没有。学校也没有这门课，想教课也没有教材。就以七千人大会上的讲话（指毛泽东同志 1962 年初在扩大的中央工作会议上的讲话——笔者注）作为依据，展开讨论。法这个东西要找个什么机构来搞一搞，就是你们来搞吧。

邓小平同志后来在三中全会前的工作会议闭幕时的讲话中，把这些意见作为四个问题中的一个，专门讲了一下，题目就叫"民主是解放思想的重要条件"。这对于十一届三中全会后在推动民主与法制和民主集中制方面的建设起到了重要的指导作用。这些话直到今天仍然没有失去它的现实意义，仍然是我们需要认真思考的大问题。

我之所以用这么多篇幅讲十一届三中全会前的一些情况，原因在于不想孤立地介绍全会。那样介绍，许多问题说不清楚，还容易使人产生错觉，以为全会这么大的转折，就是会议中间那几天形成的。相反，如果把全会前的背景同全会联系起来，作为全会这个总题目下的一部分来介绍，对全会上出现的种种情况可能会讲得更清楚一些，也可能会使人看得更明白一些。邓小平同志在 1979 年曾说过："粉碎'四人帮'以后三年的前两年，做了很多工作，没有那两年的准备，三中全会明确地确立我们党的思想路线、政治路线，是不可能的。所以，前两年是为三中全会做了准备。"[①] 我上面介绍的情况，完全证实了他的这个论断。

①《邓小平文选》第 2 卷，人民出版社 1994 年版，第 242 页。

会议中间的若干情况

对中央工作会议和十一届三中全会上的情况，已有不少公开出版的书从不同角度作了不同程度的披露。我只想就我的了解和认识，作些补充和归纳。我从以下三个方面来谈。

（一）关于会议的一般情况和特点

会议的地点在北京京西宾馆。参加中央工作会议的代表是212人，参加三中全会的代表是281人。两个会都分为6个组，即东北组、华北组、西北组、中南组、华东组和西南组，但人员构成不完全一样。工作会议的代表都是中央各部委、各省市自治区、各军兵种、各大军区的第一、二把手，其中有的是中央委员，有的不是中央委员；而到了全会时，绝大多数是中央委员和候补中央委员，也有几位准备补为中央委员的同志列席。因此，一些参加了工作会议的人没有参加全会，一些参加了全会的人没有参加工作会议。

我感到这两个会议有三大特点：

一是议题中途发生违反主持人意愿的改变。中央工作会议原来宣布有三个正式议题，即讨论《关于加快农业发展速度的决定》和《农村人民公社工作条例（试行草案）》，商定1979年、1980年国民经济计划安排，学习李先念同志在国务院务虚会上的讲话；只是在进入正式议题前，先用两三天时间讨论工作着重点的转移问题。但与会的绝大多数代表实际上主要讨论的是一些重大的历史遗留问题、对几位中央负责同志的意见、真理标准讨论中暴露的问题和中央人事调整问题，并且都取得了突破性的进展。召开十一届三中全会的最初设想也只是为了正式通过关于农村工作的两个文件和1979年、1980年计划，另外，确定成立中纪委和通过中纪委领导班子的组成。但实际上，这个会却变成了确认工作会议成果和增补中央领导机构成员的会。

二是持续时间长。中央工作会议11月10日开始时宣布会议准备开20多天，间隔一段时间，在12月10日再开全会。结果，工作会议结束时间一延再延，实际开了36天。正因为工作会议讨论得相当充分，所以全会就没有多少新的内容，主要是履行手续，但仍然比原定3天延长了2天，一共是5天。这样，两个会加在一起是41天。胡乔木同志提前一天到京西宾馆报到，两个会之间的两天休整仍住在那里改文件，散会后又多住了一天改全会公报，所以前前后后一共在会上住了45天。我始终跟他在一起，对这点印象特别深。

三是气氛热烈、活泼，真正做到了代表们畅所欲言、言无不尽，简报有闻必录、及时详尽。会议刚开始时还有扣压简报的事，但当有些代表提了意见后，很快就变了。（仅从这一点也可以看

■ 中共十一届三中全会会场

出，距离 1977 年 3 月中央工作会议的时间只过了一年多，但党内正确与错误两种力量的对比却发生了根本性的变化。）所以，会议越往后越活跃，大家的兴趣也越大，时间虽长，却感到过得很快。

我的历史知识有限，就我所知，同时具有以上三个特点的会议，在我们党史、国史上即便不是绝无仅有的，恐怕也是极其少有的。

（二）关于会议的大致过程

11 月 10 日下午，中央工作会议召开第一次全体会议，华国锋同志讲话，宣布会议日程，同时讲道：从明年一月起把全党工作的着重点转移到社会主义现代化建设上来，是这次会议的中心思想；粉碎"四人帮"后的两年，紧紧抓住揭批"四人帮"运动作为全党工作的着重点，推动了全局，现在的问题是，运动已经达到什么火候了，恰当估量运动的发展状况，是我们提出转移全党工作着重点的重要依据；国内国际的形势充分说明，我们把全党工作的着重点转移到社会主义现代化建设上来，时机已经是刻不容缓了；对于那些在运动中没有来得及处理完毕的问题，例如某些冤案、错案的平反工作问题，某些干部政策和经济政策的落实问题，应当交由有关部门继续进行细致的工作，妥善解决。

这时，邓小平同志尚在东南亚访问，14 日才回国，所以没有出席这次会议。

11 月 12 日，陈云在东北组作了可以说是这个会上所有发言中最为重要的一个发言，这就是已经收入《陈云文选》的《坚持有错必纠的方针》。他发言一开始就说："中央政治局常委、中央政治局一致主张，从明年起把工作着重点转到社会主义建设上来。实现四个现代化是全党和全国人民的迫切愿望。我完全同意中央的意见。安定团结也是全党和全国人民关心的事。干部群众对党内是否能安定团结，是有所顾虑的。华主席说，对于那些在揭批'四人帮'运动中遗留的问题应由有关机关进行细致的工作，妥善解决。我认为这是很对的。但是，对有些遗留的问题，影响大或者涉及面很广的问题，是需要由中央考虑和做出决定的。对此，中央应该给以考虑和决定。"①接着，他列举了六大问题。对他这次发言的情况，《真理标准问题讨论始末》②一书中有一段描写：

1978 年 11 月 12 日，陈云同志参加中央工作会议东北

① 《陈云文选》第 3 卷，人民出版社 1995 年版，第 232 页。
② 沈宝祥：《真理标准问题讨论始末》，中国青年出版社 1997 年版。

组的会议。这个组的召集人是黑龙江省委第一书记杨易辰同志和吉林省委第一书记王恩茂同志。据杨易辰同志回忆，那一天，陈云同志来参加他们的会，问他们，你们敢不敢将我的发言一字不落地上简报？他们回答说，当然可以。陈云同志就作了《坚持有错必纠的方针》的发言。陈云同志说，对有些遗留问题，影响大或者涉及面很广的问题，是需要由中央考虑和做出决定的。对此，中央应该给以考虑和决定。陈云同志提出了迫切需要解决的六个大问题。这六个问题是：薄一波等六十一人所谓叛徒集团案，陶铸同志的问题，彭德怀同志的问题，天安门事件问题，康生问题，等等。陈云同志提出的这六个问题，都是大家关心的重要问题。有两点很明显：一是陈云同志完全是按照实际情况依据实践标准来提出问题，来论功过是非的。因为他提出的问题，特别是一些重大案件，都是经过毛泽东同志同意、支持或批准的。二是陈云同志提出的问题都是"文革"中发生的或"文革"前遗留下来的重大历史问题。这六个问题的解决涉及对"文革"的评价和对"文革"前的指导思想、指导方针的评价，必然触及以阶级斗争为纲对不对的问题。

这段描写除了把杨易辰说成是东北组召集人这一点弄错了之外，其他基本属实。另外，再补充三个情况。

一是，陈云同志后来对我说过，由于在 1977 年 3 月中央工作会议上发生过发言不给登简报的问题，所以，他当时讲完后就问简报组的人敢不敢登简报？简报组的人笑而不答。杨易辰等人说，他们不登也没关系，反正我们都听到了。

二是，补充书中的两点遗漏。一点是陈云同志发言中的第二个问题讲到，1937年7月7日中组部关于所谓自首分子的决定是他当中组部部长之前作出的（这个决定的第三条规定："凡在狱中表示坚定坐满刑期，送到反省院的同志，照例要办自首手续，或填一般反共自愿书，才能出狱。如他们曾经组织允许填写这类文件后出狱的，得恢复其组织。如具有上述情形，但未经组织允许者，经过工作中考察后，亦得恢复其组织。"——笔者注）。后来，他在中组部期间又作出一个类似的决定（这个决定指1941年7月23日中共中央通过的《关于过去履行出狱手续者（填写悔过书声明脱党反共）暂行处理办法》——笔者注）。这两个决定都是中央批准的，因此，凡属于这个范围被定为叛徒的，都应该恢复党籍。在抗日战争和解放战争时期，在敌我边际地带有一个所谓"两面政权"问题。当时党组织决定一些党员在敌伪政权中任职，掩护我党我军的工作。这些党员在"文化大革命"中也大多被定为叛徒。这是一个涉及数量更大的党员的政治生命问题，也应该由党组织复查，对无背叛行为的同志应该恢复党籍。再一点是，在他发言的第三个问题中，除讲到陶铸外，还讲到王鹤寿，说他们是在南京陆军监狱坚持不进反省院，直到七七抗战后由我们党向国民党要出来的一批党员，他们出狱前还坚持在狱中进行绝食斗争。这些同志现在或定为叛徒，或虽恢复了组织生活，仍留着"尾巴"，说有严重的政治错误。他们的材料都在中央专案组。他建议：中央专案组中凡属于党内的部分应移交中组部，像现在这种既有中组部又有中央专案组的状态是不正常的，应该结束。

三是，叶选基同志后来告诉我，陈云同志在这次发言前，专门去叶帅家里面谈过一次。当时，叶帅在党内的地位仅次于华国锋，邓小平同志又不在国内。所以，陈云同志就自己的发言问题与叶帅交换意见这件事，既反映了陈云一贯的党性原则和谨慎作风，也反映了叶帅在顺应党心民心、促使中央工作会议取得重大突破方面所起的重要作用。

顺便再说一个插曲。1982年，有关单位要把陈云同志这篇发言收入一本书中，提出要在彭德怀后面加上"同志"两字，把康

■ 陈云（左）与叶剑英握手（1979年3月）

生后面的"同志"两字去掉。原来，陈云同志的发言在谈这两个问题时是这么说的："四、彭德怀是担负过党和军队重要工作的共产党员，对党贡献很大，现在已经死了。过去说他犯过错误，但我没有听说过把他开除出党。既然没有开除出党，他的骨灰应该放到八宝山革命公墓。""六、'文化大革命'初期，康生同志是中央文革的顾问，康生同志那时随便点名，对在中央各部和全国各地造成党政机关瘫痪状态是负有重大责任的。康生同志的错误是很严重的，中央应该在适当的会议上对康生同志的错误给以应有的批评。"我请示陈云同志怎么处理，他说：前一个"同志"不能加，后一个"同志"不能减，要保持当时的面貌，因为当时只能讲到这个程度。华国锋说解决历史遗留问题只限于"文化大革命"中间的，我讲彭德怀问题，超出了这个界限，当时能提出来已经不容易了。对康生，中央作过悼词，当时并没有任何新的说法，怎么可能不说同志呢？后来，就"同志"两字加减的问题又反复了几次，他始终没同意，只是在这篇发言收入《陈云文选》时，勉强同意在彭德怀后面加了"同志"。我讲这件事，是想说明陈云同志坚持实事求是和历史唯物主义的态度是何等认真，这种精神对于我们党来说实在是太可宝贵了。

陈云同志发言所讲的这六个问题都是大家当时最为关心，也是最为敏感的问题，因此被简报全文刊出后，立即在会上引起了强烈反响。代表们纷纷发言，表示赞成并加以发挥，使会议气氛一下子活跃起来。代表们憋在心里的话就像开了闸的洪水一样，倾泻而出，不可阻挡。陈云的这篇发言是工作会议上向"左"倾错误开的第一炮，点的第一把火，它像一颗重磅炸弹，打乱了错

总 10 号　　　　　　　　　编号 0000029

中央工作会议简报

东 北 组

— 3 —

一九七八年十一月十二日

———————————

　　陈云同志十一月十二日上午在东北组会议上的发言，
全文如下：

　　华主席讲话中说，中央政治局常委、中央政治局一致
主张，从明年起把工作着重点转到社会主义建设上来。四
个现代化，是全党全国人民的迫切愿望。我完全同意中央
的意见。是否能安定团结也是全党全国人民关心的事，干
部和群众对党内是否能安定团结，是有所顾虑的。

　　华主席说对于那些在揭批"四人帮"运动中遗留的问
题，应由有关机关进行细致的工作，妥善解决。我认为这

— 1 —

■ 陈云在中央工作会议东北组的发言简报

误领导的阵脚，起到了扭转会议方向的关键性作用。

11月13日下午，召开第二次全体会议，华国锋同志讲话。应当说那时他已经知道了陈云同志发言的内容，也知道了一些代表对陈云发言的反应和类似的意见。比如，12日，赵健民同志在东北组听了陈云发言后，接着就揭发了康生的问题。大意是，我在1967年曾就"文化大革命"的问题向康生反映了几点看法，1968年1月，康生在接见云南群众组织的大会上把我的看法作为反对"文化大革命"的罪行，并说凭他四十年革命的经验，可以肯定我是个叛徒，还说我执行了云南国民党特务组织的计划。谢富治按照康生的眼色，当场宣布对我实行"监护"。结果，因为我的问题迫害致死了许多人。那天，姚依林、陈国栋、陈漫远、程子华等同志在华北组，吕正操等同志在华东组，都讲了"六十一人叛徒集团"案、天安门事件、康生和谢富治的问题，希望中央表态。13日上午，萧克、马文瑞等同志在华东组发言，明确表示，陈云同志发言讲的问题有关安定团结，有必要加快解决。这些发言都及时出了简报，但华国锋视若无睹，仍照他的既定方针宣布，从当天下午开始会议转入讨论农业问题，用六天时间。会上，纪登奎还就《关于加快农业发展速度的决定》和《农村人民公社工作条例（试行草案）》这两个文件作了说明。这时，邓小平尚未回国。

会后分组讨论中，大多数人没有按照华国锋说的办，而是自发地围绕陈云同志提出的解决历史遗留问题进行讨论，而且火力越来越猛，又相继提出一些新的重大问题，如"二月逆流"的问题，武汉"七二〇"、河南"七二五"、四川"产业军"的问题，杨尚昆的问题，等等。也有不少代表提出了对中央政治局个别同

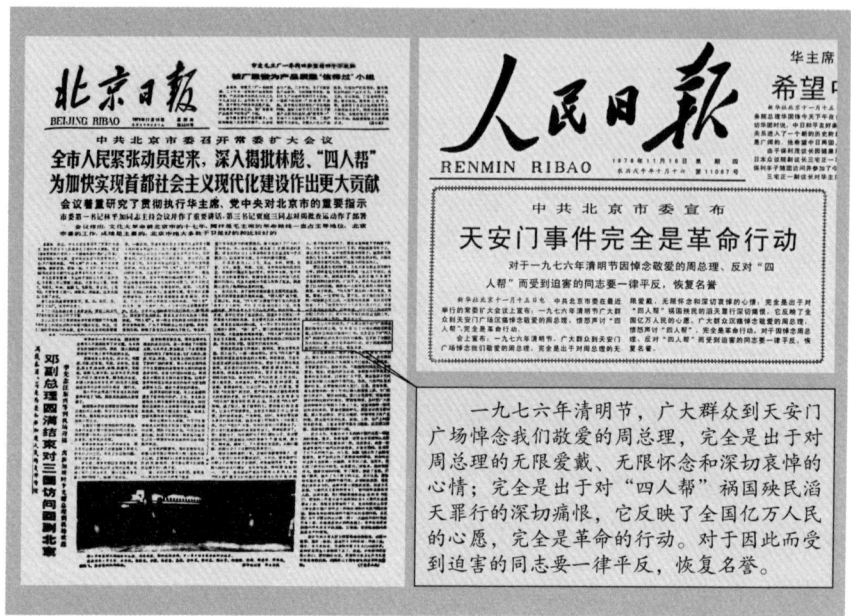

■ 1978年11月15日《北京日报》和11月16日《人民日报》关于天安门事件平反的报道

志的尖锐意见。从此，华国锋同志就控制不住局面了，会议逐渐脱离了他设置的轨道，开始朝着正确方向发展。

11月14日，邓小平同志结束对泰国、马来西亚、新加坡三国的访问，回到北京。第二天，《北京日报》在刊登这一消息的同时，在头版头条位置刊登了北京市委召开常委扩大会议的消息。其中说，会议认为，1976年清明节，广大群众到天安门广场悼念周总理，完全是出于对周总理的怀念和对"四人帮"的痛恨，反映了全国亿万人民的心愿，完全是革命的行动；对因此受到迫害的同志要一律平反，恢复名誉。事后听说，这个决定是经过中央政治局批准的。胡乔木同志因为知道我对这件事很关心，所以那天一早起来，便笑着对我说，天安门事件平反了。我马上找来报纸，看后觉得这个决定虽然是前进了一大步，但仔细推敲，还不能说是给天安门事件定了性。有意思的是，第二天《人民日报》刊登的新华社通稿，内容虽然和《北京日报》上的这段话一样，但标题却是《天安门事件完全是革命行动》。我认为这才是给事件定性的话，便问当时正在会上的新华社社长曾涛同志，这个话是怎么来的？他说是新华社编稿时，为了醒目而加上去的，没有送给上面审查。因此，我和一些同志在私下议论，觉得这个问题还是没有得到彻底解决。

11月21日，中央政治局常委听取会议各组召集人的汇报，邓小平同志出席了这次会议，并就大家提出的意见发表了讲话。

11月25日上午，召开第三次全体会议，华国锋同志代表政治局讲了九个问题，其中六个是对重大遗留问题的平反，即天安门事件问题（他在讲话中使用了与《人民日报》标题相同的提法，直到这时，这个牵动亿万人心的问题才算得到了彻底解决——笔者注）、"二月逆流"问题、薄一波等"六十一人叛徒集团"案问题、彭德怀问题、陶铸问题、杨尚昆问题；三个是决定，即"反击右倾翻案风"是错误的，对中央有关"反击右倾翻案风"所发的文件全部撤销；康生、谢富治的民愤很大，对他们的问题由中央组织部进行审理；对武汉"七二〇"、河南"七二五"、四川"产业军"等地方性重大事件的问题，一律由地方自行处理，中央发过文件的，要将处理意见先报中央批准。

华国锋的这个讲话，我判断是邓小平、叶剑英、李先念起了主导作用。理由是邓小平同志于14日回国，19日，华国锋在

■ 邓小平（左）同叶剑英交谈

同湖北省委两位负责人的谈话中就说："会开得好，畅所欲言。六十条（即《人民公社工作条例》）比较成熟，农业决定差一点。〔对后者有〕三种意见，主张大改的是多数。会议时间要延长，不能按预期完成任务。"然后，他讲了"六十一人叛徒集团"案、陶铸和杨尚昆问题、"二月逆流"问题都要平反；彭德怀骨灰放八宝山，但不登报；康生、谢富治民愤很大，对他们揭发批判应该；还讲了对几位政治局委员犯错误问题的处理意见。这次谈话，李先念参加了。从谈话内容可以看出，邓小平回国后，中央政治局常委就这些问题开过一次会，并作出了上述决定。

25日的大会之后，各组讨论都表示满意，同时又提出了一些新的问题。例如前面说过，胡乔木同志发言，提议华国锋主席在会议结束时再讲一下真理标准讨论问题，以便统一全党思想。

■ 彭德怀、陶铸同志追悼大会会场（1978 年 12 月 24 日）

对于彭德怀骨灰安放的事，我当时提过一个小建议。记得最初决定彭德怀和陶铸同志的骨灰安放仪式都放到年底或第二年年初举行，我听说后，向胡耀邦同志进言，建议最好放在会议结束前，一来外地的老战友可以参加，二来使会议的主题更加突出。他担心悼词来不及准备，我说可以请中组部和总政治部分头准备，也有利于促进他们的结论早些定下来。他表示可以考虑。当晚，他的秘书告诉我，说耀邦同志接受了我的建议，争取追悼会在会议期间开。最终，全会闭幕后的第二天，在八宝山举行了彭德怀和陶铸的追悼会，而且登了报。

11 月 25 日下午，中央政治局常委听取北京市委和团中央几位负责人汇报天安门事件平反后群众的反应和北京市街头大字报、天安门广场群众自发聚会的情况。记得当时西单墙的大字报中，有的要求公布"四五"惨案的内幕，有的要求起诉阴谋的策划者，成立天安门事件调查委员会。大字报上还有不少小字批语，写着"坚决支持"、"好得很"，等等。中央领导人针对这些情况讲了一些重要意见。第二天晚上，胡乔木原打算去首都体育馆参加天安门诗歌朗诵会，刚要走，北京市委第一书记林乎加来胡乔木房间，请他去谈对中央领导人讲话精神的传达问题。经胡乔木的帮助，他们形成了一个常委指示记录要点。胡乔木同志事后对我讲了一下大意，说里面主要是邓小平的话。我有个感觉，从那时起，华国锋同志已失去工作的主导权，中央实际上的主要负责人已经逐渐变成了邓小平同志。记录要点上有这样一些内容：

> 天安门事件平反后，群众反应强烈，大家很高兴，热烈拥护，情况是很好的。当然，也出现一些问题。有的大字报提出要追查天安门事件的打人凶手，要追究一些同志的责任，有的甚至追到了毛主席。对这种情况，我们的工作要跟上去，要积极引导群众，不能和群众对立。……另一方面，对大字报不能任其自流。……我们一定要高举毛主席的伟大旗帜。毛主席的旗帜是全党全军全国各族人民团结的旗帜，也是国际共产主义运动的旗帜。现在，有的人提出一些历史问题，有些历史问题要解决，不解决就会使很多人背包袱，不能轻装前进。有些历史问题，在一定的历史时期内不能勉强去解决。有些事情我们这一代人解决不了的，让下代人去解决，时间越远越看得清楚。有些

问题可以讲清楚，有些问题一下子不容易讲清楚，硬要去扯，分散党和人民的注意力，不符合党和人民的根本利益。……一些问题总要有一个暴露和认识的过程。对一些具体问题，要实事求是地、按照实践是检验真理的唯一标准这个原则去解决。现在报上讨论真理的标准问题，讨论得很好，思想很活泼，不能说那些文章是对着毛主席的，那样人家就不好讲话了。但讲问题，要注意恰如其分，要注意后果。……报纸要十分谨慎。迈过一步，真理就变成谬误了。毛主席的伟大功勋是不可磨灭的。中国历史证明，陈独秀、王明、李立三……都不行，只有毛主席能领导我们走向胜利。没有毛主席，就没有新中国。毛主席的伟大，怎么说也不过分，不是拿言语可以形容得出来的。毛主席不是没有缺点错误的，但与他的伟大功勋相比是微不足道的。……外国人问我〔邓副主席〕，对毛主席的评价，可不可以像对斯大林评价那样三七开？我〔邓副主席〕肯定地回答，不能这样讲。党中央、中国人民永远不会干赫鲁晓夫那样的事。现在中央的路线，就是安定团结，稳定局势，搞社会主义现代化。……人心思定，人心思治，人心思上，乱是脱离群众的。国际上也十分注意我们国内局势是不是能够保持稳定。现在外国反应很大，香港有些报纸都在议论，你们那么多问题，应当稳当一点嘛，何必那么急，急了会出问题。……引进新技术，利用外资，你稳定了，人家才敢和你打交道；你乱了起来，别人就不敢和你打交道了。安定团结是实现四个现代化的必要政治条件，不能破坏安定团结的局面。这是中央的战略部署。……这是大局，我们处理任何问题，都要从大局着眼，小局服从大局，小道理服从大道理。不搞什么新运动，不要提中央没有提的什么运动。要引导群众向前看。……平反工作，中央和各地都在抓紧处理，都是有领导、有步骤地进行的。群众要求解决的问题，都有解决的渠道，可以在党的会议上提出来，可以写信、来访。林彪、"四人帮"破坏造成的一些遗留问题，都可以逐步解决。解决这些问题是为了创造一个安定团结的稳定局势，把各种积极因素调动起来。

11 月 26 日和 27 日，邓小平同志先后接见日本民主社会党访华团和美国专栏作家罗伯特·诺瓦克，讲了同 25 日大致相同的话。这些话他后来在中央工作会议闭幕会的讲话中又讲，并在改革开放过程中反复讲，成为邓小平理论的一个重要内容。现在回过头看，当时如果不是这样处理问题，而是迁就一部分群众的情绪，跟着感觉走，什么事都要追究个人的责任，甚至全盘否定毛泽东，那就不可能有安定团结的局面，也就不可能实现工作重点的转移，不可能有后来几十年的飞速发展，甚至我们的党和整个社会主义制度都会发生站得住脚站不住脚的问题。从这个意义上可以说，邓小平同志为我们解决了如何正确对待革命领袖犯错误这个国际共产主义运动中没有解决好的大问题。

11 月 27 日晚，中央政治局常委再次听取会议各组召集人汇报。大家又反映代表们在发言中提到的一些问题，如"二月兵

■ 邓小平（右）会见日本民社党委员长佐佐木良作（1978 年 11 月 26 日）

变"、"一月风暴"、纪登奎同志的错误、对毛主席的评价，等等。邓小平同志重申了他 25 日、26 日、27 日的讲话精神。这时，华国锋同志提出下一段会如何开的问题，他说："12 月 7 日原来想开全会，现在开不开？要不要开那么长？第一书记都在北京，家里的事情很多，会议不能时间太长，要尽可能压缩时间。你们人都在这里，提一大堆问题怎么办呢？"邓小平同志马上用肯定的口气说："会议要开紧凑一些，不要开得太长。对计划，这个多少，那个多少，不要多去讨论，大体差不多就行，主要把体制、大政策定下来就行了。全会开三天就可以了。"关于"二月兵变"的问题，他说："我那时就说，这个事不可能。当时我是总书记，但调两个团到北京也不行。那时规定，调一个连，归大军区管，调一个营，归军委、总参谋部管。"关于"一月风暴"的问题，他说："势必要解决，还是早一点讲好。"关于对毛主席的评价问题，他说："毛主席那时身体不好，连华国锋同志也不能见到他。"在大家提出邓小平 11 月 26 日同日本民社党佐佐木良作等人谈话的十九条可否向干部传达，并根据谈话精神向群众做工作时，他强调："对那个谈话的概括基本正确。……我们不能要求伟大领袖、伟大人物、思想家没有缺点错误，那样要求就不是马克思主义者。毛主席讲马克思、列宁写文章就经常自己修改嘛。对毛主席的缺点错误，这个问题是不能回避的，在党内还是讲一讲好。"关于对中央政治局中几位有错误的领导人如何处理的问题，他说："现在国际上就看我们有什么人事变动，加人可以，减人不行，管你多大问题都不动，硬着头皮也不动。这是大局。好多外国人要和我们做生意，也看这个大局。"① 这是中央工作会议期间，邓小平第一次对外讲政治局要加人的问题。在此之前，代表中曾有人提出增加政治局委员来管组织和宣传工作的建议。在此之后，提议中央委员会和政治局应当加人的就逐渐多起来了。

12 月 1 日，鉴于代表们的兴奋点仍然没有离开历史遗留问题和几位中央领导同志的错误问题，中央政治局常委又召集部分大军区司令员和省委第一书记开会，通过他们向会议打招呼。主要还是邓小平同志讲，他讲了这样几个意思：

（1）历史问题只能搞粗，不能搞细。一搞细就要延长

---

① 《邓小平年谱（1975—1997）》（上），中央文献出版社 2004 年版，第441 页。

时间，这就不利。算我一个请求，要以大局为重，道理在你们，在群众。外国人对其他事没兴趣，主要看中国安定不安定。我是有意识地"和稀泥"，只有"和稀泥"是正确的。我们想同美国在明年1月1日达成建交协议，等公报出来再同他们谈，不然他就要翘尾巴。

（2）对中央的人事问题。任何人都不能下，只能上。对那几个同志要批评，但不能动，实际上不止他们几个。现有的中央委员，有的可以不履行职权，不参加会议活动，但不除名，不要给人印象是权力斗争。对那些大家有意见的人，过关算了。检讨没有全过关的，我们过去也没过关嘛。

（3）关于上的问题，至少加三个政治局委员。太多，也不恰当，不容易摆平。加上几个什么人？陈云，兼纪委书记；邓大姐，胡耀邦。够格的人有的是，如王胡子（指王震），也够格。两个方案，一是三个人，一是四个人。党章规定，中央委员会不能选中央委员，想开个例，补选一点，数目也不能太多。有几个第一书记还不是中央委员，如习仲勋、王任重、周惠，还有宋任穷、韩光、胡乔木、陈再道。将来追认就是了。

（4）1957年反右派斗争是正确的，但后来扩大化了。对"文化大革命"现在也要回避，不能追。清华大学几个青年贴大字报说："反周民必反，反毛国必乱。"这个话水平很高。

此后，代表们开始酝酿加人的名单，纷纷表示赞成邓小平同

■ 邓小平在中共十一届三中全会上

志提出的方案。

12月8日晚，中央政治局召开会议，对中央工作会议的结束和十一届三中全会的召开作了安排。

12月13日，中央工作会议召开第四次也是最后一次全体会议，中央副主席邓小平、叶剑英和中央主席华国锋先后讲话。邓小平同志的讲话大家都很熟悉，这篇讲话虽然是在中央工作会议上讲的，但实际上是十一届三中全会的主题报告。江泽民同志在党的十五大报告中对它给予过高度评价，说它是"开辟新时期新道路、开创建设有中国特色社会主义新理论的宣言书"。叶剑英同志的讲话已经收入《叶剑英选集》，大家也能看到。问题是华国锋同志的讲话现在不大容易看到，所以在这里多说几句。这个讲话正如他自己说的，主要讲一个问题，就是有关"两个凡是"

和真理标准问题讨论。这也可以被看成是，他对前面提到过的胡乔木同志关于希望他谈一下实践是检验真理唯一标准问题那个发言的回应。他说：

> 同志们希望这次会议对于这个问题，能够分清是非，以利于统一思想，加强团结，巩固和发展安定团结的大好局面。
>
> （1）关于"两个凡是"的问题。在去年3月中央工作会议上的讲话中，我讲了"凡是毛主席做出的决策，都必须维护；凡是损害毛主席形象的言行，都必须制止"。当时的意图，就是要把毛主席和"四人帮"严格切开。后来发现，第一句话，说得绝对了，第二句话，确实是必须注意的，但如何制止也没有讲清楚。当时对这两句话考虑的不够周全。现在看来，不提"两个凡是"就好了。在这之前，2月7日中央两报一刊还发表过一篇题为《学好文件抓住纲》的社论。这篇社论中也讲了"两个凡是"，即"凡是毛主席做出的决策，我们都坚决拥护，凡是毛主席的指示，我们都始终不渝地遵循"。这"两个凡是"的提法就更加绝对，更为不妥。我的讲话和那篇社论，虽然分别经过政治局讨论和传阅同意，但责任主要由我承担。在这个问题上，我应该作自我批评，也欢迎同志们批评。
>
> （2）关于真理标准的讨论问题。今年5月11日《光明日报》发表、5月12日《人民日报》、《解放军报》转载的《实践是检验真理的唯一标准》这篇文章，由于我当时刚刚

访问朝鲜回来，有许多事情急待处理，没有顾上看。六七月间，中央常委几位同志先后给我谈过他们听到的有关这方面的一些情况，这个时候，我才知道对这篇文章有些不同的看法。中央政治局常委开会时，议过这个问题，认为这篇文章的主题是好的，但没有专门去研究。后来报纸上登这方面的文章多了，国内外反映也多了，叶帅考虑到国务院务虚会开得很好，提议把搞理论工作的同志召集到一起，也开个务虚会，大家把不同意见摆出来，在充分民主讨论的基础上，统一认识，把这个问题解决一下。中央常委同志都赞成这样办。由于我想常委都在家时开会解决这个问题，因小平等同志出访，在这次中央工作会议之前，这个会没有来得及开。

（3）关于召开理论务虚会的问题。我在前边讲了，在这次会议上，同志们对"实践是检验真理的唯一标准"问题，摆出了许多情况，提出了不少问题，对一些同志提出了不少批评意见，为召开理论务虚会创造了有利条

■　邓小平（左二）在中央工作会议闭幕会上作重要讲话（1978年12月13日）

件。由于这次中央工作会议的议题多，时间有限，这方面的问题不可能花很多时间来解决。中央政治局同志的意见，还是按照叶帅的提议，在党的十一届三中全会之后，专门开一次理论务虚会，进一步把这个问题解决好。

不难看出，华国锋同志的这个讲话，实际上是就"两个凡是"的问题作检讨，就是说，承认"两个凡是"的提法错了。他在讲话中还代表政治局正式提出了增补中央领导人的名单，提请三中全会通过。根据代表酝酿的意见，名单中政治局委员除了陈云、邓颖超、胡耀邦外，又增加了王震；中央委员除了习仲勋、王任重、周惠、宋任穷、韩光、胡乔木、陈再道外，又增加了黄克诚、黄火青。

闭幕会后，工作会议并没有马上结束，而是又开了两天，分组讨论中央领导人在闭幕会上的三个讲话。胡乔木同志在发言中，借华国锋讲话中的一段话，作了一篇大文章，而且把这个意思写进了公报，形成了三中全会的又一个成果。华国锋同志的那段讲话是这样说的：

> 还有一件事情，向同志们讲一下，党中央是集体领导，希望今后各地区、各单位向中央作请示报告的时候，文件的抬头不要写华主席、党中央，只写党中央就可以了。中央党政机关向下行文，也希望照此办理，也不要提英明领袖，称同志好。希望文艺作品多创作歌颂党、歌颂老一辈革命家与工农兵英雄事迹，不要宣传我个人。

胡乔木在第二天的分组会上发言说：

华国锋同志在闭幕会上讲话时说到对他个人的提法问题，这在党的生活中看起来是件小事，实际上是件很大的大事，涉及的不简单是个形式问题，而是党的生活的准则和秩序问题。毛主席在解放初期说过，如果要提个人，一定要把个人放在党组织之后，个人无论如何不能超过党。就是说，要讲党中央毛主席，不能把次序颠倒过来。就我记忆所及，"文化大革命"前似乎一直是这样做的。后来变了，在一段时间里，甚至不存在党中央，至少不存在党中央政治局，只有毛主席了。……以后不讲"华主席党中央"，只讲党中央或以华国锋同志为首的党中央，这样讲完全符合党的原则，是拨乱反正，恢复党的生活正常状态。

苏联在斯大林时期对个人和党的关系没有处理好，值得我们鉴戒，但他们有些方面的做法还是有分寸的。例如斯大林的学术文章，一般是在刊物上发表，如《马克思主义与语言学问题》是在刊物发表半个月以后，《真理报》才应读者要求转载（其他的报纸不转载），而且是从第二版开始，也不用大字大标题。……我们在报纸上，只要是毛主席写的东西，不管什么文章，甚至诗词家信，还有各种手迹，非登第一版不可，有一个时期常常在第一版几乎用整版篇幅来登领袖照片，这些都是在世界上很少见的。把个人这样毫无限制地极端突出出来，这不是我们党成熟的表现，而是不成熟的表现。……搞一些不成熟不自然的做法，这不能提高领袖在群众中、党内和国际上的威信，适得其反，只能起不好的作用。

把个人突出到党和人民之上，这不是偶然的次要的现象，需要认真分析形成的历史条件，总结教训，不好匆忙地说什么。我想指出一件事，就是1958年成都会议上……提出一个口号："信仰毛主席要信仰到迷信的程度，服从毛主席要服从到盲从的程度"。这种说法根本违反共产党员的世界观，没有一点马列主义气味。但提出的时候竟没有人反对。我当时听了很不满，但也没有表示反对，应当作自我批评。

工作制度，需要研究的问题很多。叶、邓副主席都讲到立法，包括立党规党法。……要有一定制度，中央也得受制度的限制。社会就是互相限制的组织。一个人不受任何限制，只会堕落和毁灭，相反，受合理的限制才会使人进步，使社会进步，使党和国家进步，这是好事而不是坏事。

后来，李先念同志见到胡乔木，说看了他发言的简报，在上面批了三个字："讲得好。"有人向邓小平也讲了胡乔木发言的内容，邓小平同志说："把这个写进公报。"根据邓小平的意见，胡乔木在十一届三中全会公报上专门写了一段话。公报说："华国锋同志在会上着重强调了党中央和各级党委的集体领导。他提议：全国报刊宣传和文艺作品要多歌颂工农兵群众，多歌颂党和老一辈革命家，少宣传个人。全会完全同意并高度评价华国锋同志的提议，认为这是党内民主生活健全化的重要标志。全会重申了毛泽东同志的一贯主张，党内一律互称同志，不要叫官衔；任何负责党员包括中央领导同志的个人意见，不要叫'指示'。会议指出，一定要保障党员在党内对上级领导直至中央常委提出批评性意见的权利，一切不符合党的民主集中制和集体领导原则的做法应该坚决纠正。"①

12月15日下午，中央工作会议结束。

12月17日下午，中央政治局常委召集十一届三中全会各组召集人开会，主要是讲，工作会议上许多同志要求有错误的几位同志在全会上作个像样的检讨，常委认为可以不再在会上检讨了。邓小平同志说："对犯错误的同志不包庇，也不勉强。〔汪〕东兴同志提出不当副主席，不当常委，我们从大局出发，还是不动，以后如何，到时再说。纠缠久了对工作不利。河南如果把揭发纪〔登奎〕的材料带回去传达，一年也搞不完，就不要工作了。还是多搞点粮食吧。"

12月18日上午，十一届三中全会开幕，华国锋同志在讲话中讲了全会的三项主要任务，即讨论工作重点转移问题，审议通过农业、农村问题的两个文件，讨论人事问题和选举成立中央纪律检查委员会。讲话中对工作会议作了评价，说政治局和到会同志一致认为这个会议开得好，很成功，为开好三中全会作了充分准备，创造了有利条件。

开幕会结束后，代表们按照安排，用两天时间看文件，三天

---

①《三中全会以来重要文献选编》（上），人民出版社1982年版，第13页。

分组讨论，从 18 日到 22 日，共五天。发言的内容，一是对中央的各项决定表态，二是继续提出历史遗留问题和揭发批评几位犯错误的同志，再有就是对中央工作提出建议。

12 月 22 日晚，十一届三中全会召开闭幕会，原则通过了关于农业、农村问题的两个文件和 1979 年、1980 年的计划安排，通过了全会公报，增选了政治局委员、常委和中央委员，选举了中央纪律检查委员会委员、常务委员和第一、第二、第三书记及常务书记、副书记。陈云当选为中央政治局委员、政治局常委、中央委员会副主席，邓颖超、胡耀邦、王震当选为中央政治局委员，黄克诚、宋任穷、胡乔木、习仲勋、王任重、黄火青、陈再道、韩光、周惠被增补为中央委员，陈云、邓颖超、胡耀邦、黄克诚、王鹤寿分别当选为中纪委第一、第二、第三书记和常务书记、副书

■ 邓小平（右）、陈云（中）、王震在中共十一届三中全会上

记。选举结束后，陈云同志在主席台就座并发表讲话。这篇讲话不长，也很朴实，但却很深刻，对会议的特点作了高度概括。由于后面还要详细说到，所以这里只引述他有关自己的两段话。他说："现在，三中全会选举我为中央纪律检查委员会第一书记、政治局委员、常委、中央委员会副主席，我感谢工作会议和中央全会同志们对我的信任。但是，我的身体情况是很差的。我将尽我的力量来工作。但是，我只能做最必要的工作，就是说量力而行。"①

如果要把两个会议合在一起划分阶段的话，似乎可以分以下三个阶段：第一阶段从 11 月 12 日陈云同志在工作会议小组会上发言到 11 月 25 日召开第三次全体会议，共 15 天，可以看作是会议的发动阶段；第二阶段从 11 月 26 日到 12 月 12 日工作会议的小组讨论，共 17 天，可以看作是会议的深入阶段；第三阶段从 12 月 13 日工作会议的闭幕会到 12 月 15 日工作会议结束、从 12 月 17 日三中全会召开小组召集人会议到 12 月 22 日三中全会的闭幕会，共 8 天，可以看作是会议的总结阶段。从代表们的发言看，第一阶段的主要内容是关于历史遗留问题，也涉及对个别中央领导同志的批评；第二阶段主要内容是真理标准讨论问题，对个别中央领导同志的批评，对中央领导机构人事安排包括宣传部门人事调整问题的建议，同时也涉及历史遗留问题；第三阶段基本上是讨论邓小平同志在中央工作会议闭幕会上的讲话，以及对工作会议上一系列重要决定的表态。我这个分法对不对，大家还可以研究。

---

① 《陈云文集》第 3 卷，中央文献出版社 2005 年版，第 454 页。

（三）关于会议讨论最多的几个问题

1. 关于历史遗留问题

有关这方面内容，《改革开放的历程》①一书有较详细的记载，这里引用其中的几段：

> 11月13日，东北组的同志在发言中表示，搞社会主义现代化需要有一个安定团结的政治局面。陈云同志12日在会议上提出的几件事是有关安定团结的问题，也是落实政策的问题，有必要加快解决。
>
> 同日，中南组的同志在发言中说：陈云同志所提出的这些问题是当前干部群众讨论较多、关系全局的问题，在宣布工作重点转移的时候，中央最好能给予解决。这对调动广大干部群众的积极性，加强团结，是有好处的。
>
> 西南组的同志发言表示，陈云同志提出的几个遗留问题影响较大，希望中央明确一下。这样有利于实现四个现代化和调动一切积极因素。
>
> 西北组的同志也认为，这些重大的政治问题中央不正式表态，干部群众有抵触情绪，最好能在党的工作着重点转移到现代化建设上来之前，把这些问题讲清楚。胡耀邦在西北组发言说，我赞成把"文革"中遗留的一些大是大

---

① 王洪模等：《改革开放的历程》，河南人民出版社1989年版。

非问题搞清楚。这些大是大非的解决，关系到安定团结，关系到实事求是作风，关系到维护毛主席的旗帜。

11月16日，万里在华北组发言说，陈云同志提出的六个问题要解决，不然人们心里不舒畅。

11月17日，杨得志、李成芳在中南组提出：联系"天安门事件"，我们认为武汉"七二〇"事件也到彻底平反的时候了。陈丕显提出，上海的"一月风暴"问题也应该弄清楚。

11月22日，聂荣臻在东北组发言说，关于案件问题，陈云同志在这次会上首先提出来，我很同意。这类问题相当大，各省都有一些，如武汉的"百万雄师"、四川的"产业军"等等。陈云同志紧接着插话说：这些问题不解决，党内党外很不得人心。

王首道发言说，只有把遗留问题解决好，才能真正达到全党、全军、全国各族人民的团结，把党的工作着重点转到实现社会主义现代化上来。

康克清在华北组的书面发言中说，我完全同意陈云同志11月12日提出的六点意见。我建议，凡是林彪、"四人帮"强加于人的一切诬蔑不实之词，都应予以推倒。

与会同志还提出，邓小平1975年主持全面整顿工作是完全正确的，中央应给予充分的肯定，正式为所谓"右倾翻案风"问题平反。

此外，许多同志还对康生、谢富治在"文革"期间的罪行进行了揭发批判。

上述描写基本符合会上的实际情况。如果再讲详细一点，还可以具体介绍几位同志揭发批判康生、谢富治错误的发言。

胡耀邦同志说：揭批"四人帮"运动结束，不等于揭批查工作结束。康生在"文化大革命"中点名 600 多人。"文化大革命"教训深刻，应很好总结，根本教训是党的生活不正常。

姚依林同志说：建议中央对"六十一人叛徒集团"案、天安门事件和康生的错误等问题表态。

赵苍璧同志说：完全同意陈云同志的几个意见。康生、谢富治在"文化大革命"中提出砸烂公检法，公安部 8 个副部长，7 个被整，5 个进监狱；63 个司局长，54 个被群众专政，16 个被拘捕。

贾庭三同志说：经康生、谢富治批准，1968 年将北京市公安局打成冯〔基平〕、邢〔相生〕反革命集团，10 个局长被定反革命，6 个被法办，975 个干部被关押，90 个死亡。

张鼎丞同志说：谢富治曾说毛主席没有十次也有八次讲过砸烂公检法，但毛主席在 1968 年对我说，砸烂公检法是谢第一次提出来的，可见毛主席没讲过。由于谢的支持，我被监禁，原最高检察院 15 名司局长以上干部，11 名被隔离，30% 的干部被抄家审查。1967 年开批斗陈毅大会，谢挑动一派反另一派，总理对谢说："把陈毅搞臭了，谁当外交部长，你当？"谢不理。总理说："我把这口气吞下去了。"

金如柏同志说：康生在历史上就有问题，在延安整风时搞"抢救运动"，在解放区土改时搞"查三代"，在华北搞"搬石头"，在"文化大革命"中伙同江青整老干部。

马文瑞同志说：康生在"文化大革命"中点名 379 个人，还提出"毛泽东思想是最高最后的检验标准"。

萧克同志说：1942 年，陈毅同志曾对我说过，毛主席让他转告康生，要听从邓子恢同志的领导，不要提出一些不科学的名词，如"化形地主"等等。

王首道同志说：建议中央审查康生的历史问题。

吴庆彤同志说：康生的悼词是张春桥、姚文元反复修改的，有两个人负责起草，治丧班子里的其他人都不能接触。

李葆华同志说："文化大革命"中，康生竟对安徽省军区的人说，李大钊也是叛徒。

江一真同志说：建议中央成立康生、谢富治问题的专案组。

方毅同志说：1947 年，康生在山东搞土改搞得很"左"，"村村点火，户户冒烟"。

宋任穷同志说：王幼平、袁血卒都是宁都暴动时的地下党员，在起义中起了重要作用。但袁一到延安，康生就整他，"文化大革命"中又点他的名，查他的历史。

代表们还对"文化大革命"的教训发表了不少意见。例如，粟裕同志说：林彪、"四人帮"长期凌驾于党之上，重要原因是党内民主生活不正常。批评只能上对下。下对上批评，按党的原则在党的会议上也不行，否则就是反党。有的群众说有权就是真理，值得深思。

徐向前同志说：这十几年来，党内万马齐喑。我们要实现的应当是真正的团结，而不是形式上的团结。

张震同志说：对十年"文革"应总结教训：第一，民主集中制被破坏。"文化大革命"不经中央全会讨论，一下子轰起来，民主在哪里？第二，集体领导被破坏。今后全会休会时，应由政治局领导。第三，政策多变，失信于民。第四，法制不健全。"文化大革命"中那么多干部被抓、劳改，哪里有法制！对彭德怀、"六十一人叛徒集团"问题，过去都有过结论，为什么后来不算数了？

张爱萍同志说：在悼念总理的事上，"四人帮"的无理意见怎么能在政治局会上通过？他们是少数，少数应服从多数。这不正常，是严重教训。

会上，两位大姐也踊跃发言。邓颖超同志讲了武汉"七二〇"事件的真相。康克清同志提出了为"联动"、"西纠"、"寡妇集团"平反的问题；还说康生、曹轶欧血债累累，这样轻轻过去，太宽了。

2. 关于个别中央领导同志的错误问题

这个问题也是会上谈得最多的问题之一。因为提出了历史遗留问题、真理标准讨论问题，很自然地会联系到解决这些问题为什么有阻力？阻力来自哪里？这就变成了现实问题。陈云同志在11月12日发言中提出，中央专案组所管的属于党内部分的问题应交中组部，这实际上已经不是讲历史问题，而是讲现实问题了。

从发言看，大家的意见主要集中在四位政治局委员身上。

早在11月12日，吕正操同志谈到天安门事件时就说：少数人进了政治局，"一入局门深似海，从此群众是路人"（他这个话是从唐人崔郊的诗句"一入侯门深如海，从此萧郎是路人"转化来的——笔者注）。举旗不前进，把旗当幌子，实际上是砍旗。他还说：中央专案组"三办"对一些案件奉命保密，这是替林彪、

"四人帮"保密，建议将中央专案组一、二、三办交中组部。

李人林同志说：政治局的同志不都是那么强，有的不令人信服，毛远新那么个毛孩子为什么成了东北的太上皇？有的人插手河南，把河南搞乱了。新疆、北京搞成这个样子，能使人信得过吗？有些有能力的同志进不了政治局，有的人既无功劳也无能力，为什么一定要搞成政治局委员？现在要整顿领导班子，中央可不可以整顿一下，个别同志是否可以整顿一下？能上能下嘛！

万里同志说：活着的个别高级领导人干了错事坏事，必须作自我批评，不要欠账。吕正操同志插话：你指的是纪登奎，说明白点儿。万里说：对，就是指他。

江一真同志说：纪登奎同志在1970年农林部成立时提出，要把农林部办成农林政治部，又对农业科学院军宣队指示："科研是依靠7500人还是依靠7.5亿人？""大学四年没招生，卫星照样上天，农业还是丰收。"今年4月，他还指示农林部给中央写报告，认为当前主要倾向是对资产阶级法权批得不够。这次会前，他还派人去安徽调查包产到户和学大寨动摇的问题。

段君毅同志说：群众反映河南问题在上边，上边就指纪登奎。"四人帮"倒台后，纪给造反派通风，让他们表态，河南人说"心有余纪〔悸〕"。

纪登奎同志在中南组检查后，大家面对面给他提意见。

许世友同志说：你是造反起家，进了政治局，官不小了，还搞什么名堂。

邓颖超同志说：你的检讨很坏，避重就轻，应把十年来在政治、思想、工作、作风、立场上与"四人帮"是什么关系说清楚。建议中央也要查清，一批二保三看。有同志说你是翻云覆雨的政客，你今后还是政治局委员，希望警惕，不要利用权位报复我们。

谷牧同志说：检查太不像样，鼓掌的手举不起来。

廖承志同志说：外交部有反总理和陈老总的逆流，但却捂盖子，有你的账，而且是相当大的账。

另外，一些同志在发言中表示了对个别中央领导同志压制民主的不满。

谭震林同志说：罗瑞卿出国前到我那里，谈了一个小时，流了泪，说中办、国办要整顿，中央专案组一、二、三办要撤销，否则是定时炸弹。说到党史问题，罗说陈云、聂帅写了第二次国内战争的材料，大革命时期知道多一点的只有叶帅、小平和聂帅了，要抓紧写。有人提出，搞"两个凡是"就是想篡改党史，搞"四人帮"那一套。

姚依林同志说：从去年工作会议后，几次会上的简报组都要手法压制民主。去年3月工作会议上，不少人提出天安门事件问题，没登简报。十届三中全会讨论十一大的政治报告稿，我和方毅、陈国栋看到里面还批"唯生产力论"、宣传"全面专政"，提了系统意见，而简报组却把它们分割成具体条文的修改意见，弄得面目全非。这次会上，又有扣发简报和随意修改发言的事。还有一个手法，就是拖到会议快结束时把简报一齐发出去，然后很快收回来。极不正派，违反党章。

程子华同志说：十一届一中全会，我揭发纪登奎等人，没出简报。前几天，我批纪的简报又有好几天没出，我问简报组，说是送主席、副主席传阅去了。建议给华主席写个报告，这样做叫什么民主？

还有不少代表对个别中央领导同志分管的工作提出批评意见。

陈漫远同志说：中央办公厅"五七"干校在报上登的典型是黑典型，实际上长期不给干部分配工作。

王必成同志说：中南海修房子，不准下面搞，中央为什么带头搞？李强同志说：要人家不要大兴土木，而中央却在那里大兴土木。下面处理，中央不处理行吗？

黄新廷同志说：有人兼职过多，现在党内有党，军内有军。刘震同志接着说：现在还兼警卫局长，能否不兼？

王平同志说：兼中办主任、警卫局长与中央副主席职务不相称。

耿飚同志说：搞唯心主义、形而上学的人总要暴露。有的中央领导不敢出门，一出门就警卫森严。铁托常常一个人上街。

张爱萍同志说：中办要搞揭批查，政治局内要有批评自我批评。

李人林同志说：建议整顿中办、中宣部、《红旗》杂志社、毛泽东著作办公室，这四个部门问题最多。

在中央工作会议上，受批评的四位政治局委员都作了不同程度的检查，有的还提出了辞职的请求。后来，在1980年的十一届五中全会上，根据党内外广大群众的意见，批准了汪东兴、纪登奎、吴德、陈锡联等四位政治局委员的辞职请求，决定免除和提请免除他们所担负的党和国家的领导职务。对于这个问题，陈

云同志在那次全会大会上的发言，专门讲了一大段话。这篇发言
已收入他的文选，他说：

> 我同意他们提出辞职。他们检讨的内容，是表示一个
> 同志对自己的错误现在的认识程度。他只能认识到这样的
> 程度，不够，就把这个问题记录在案嘛，不要急。我们应
> 该全面地考察一个干部。所谓全面是什么呢？我们看到这
> 个同志犯了什么错误，也应该看到他在党内做过什么好事，
> 这是一个方面。第二个方面，必须看到当时党内的整个情
> 况，这些同志是在当时的情况之下犯的错误。就犯错误的
> 同志来说，不要自己觉得委屈了。我说，应该想一想。想
> 什么问题呢？想这样一个问题：我是否可以不犯这样的错
> 误。有的同志看了犯错误的同志的检讨，不满意，可以提
> 批评，被批评的同志应该听批评的意见。但我不赞成对犯
> 错误的同志扭住不放。过去有过这样一个时期，检讨没有
> 完没有了，批判没有完没有了，从来都不说可以过关，直
> 到最后会开不下去，大家散会了，完不了也只好暂时算完
> 了。我不赞成这样对犯错误的同志扭住不放。这种检讨没
> 有完没有了的情况，我认为不是党的好作风。党接受了他
> 们的辞职以后，在政治上要分配他们做工作，在生活上要
> 照顾他们的需要。①

---

① 《陈云文选》第 3 卷，人民出版社 1995 年版，第 271—272 页。

陈云同志这段话讲得很全面、很客观、很公正，是对我们党内政治生活长期存在的教训的深刻总结，为我们处理类似问题，提供了一个很好的具有长远意义的指导思想。

3. 关于真理标准讨论问题

对这个问题，第一阶段中讲的人不多，有人讲到这个问题时，一般也是和"两个凡是"问题、《红旗》杂志不表态问题联系在一起说的。

例如，当说到"两个凡是"的社论时，耿飚同志插话：我当时是奉命发表，我是反对"两个凡是"的。

后来，耿飚同志在发言中又提到这件事，说：对这篇社论我不负责，我是奉命发表，我看后说：登这篇文章，等于"四人帮"没粉碎。这话反映到中央，说我发了牢骚。我说这么重要的文章，也不和我商量。这时，金明同志插话："两个凡是"是"按既定方针办"的变种。耿飚同志接着说：我赞成这话。领袖每天要讲多少话，如果每句都要正确，那就太苛刻了。同时，耿在发言中也表示，有些问题不能打破砂锅问到底，开车速度太快转弯要翻车。他批评《人民日报》刊登斯大林在庆祝列宁 50 寿辰会上的发言（此文在《斯大林选集》中有，主要意思是赞扬列宁勇于承认错误、改正错误的精神——笔者注），说这有诱导作用。现在年轻人和我们这一辈感情不一样，一诱导，可能走向反面。宋承志同志也说：《人民日报》"批邓"时调子越唱越高，搞得我们很被动。现在也要注意这个问题，要和中央精神一致起来。今天回头看，他们能够在反对一种主要倾向时，同时注意另一种倾向，的确是很有水平的。

还有不少同志对《红旗》杂志不转载《光明日报》的文章发表了意见。

杨西光同志说：《光明日报》文章发表后，有人指责我们意在砍旗，是怀疑论、不可知论。据说，有人在信访会议上说，现在报纸拿着毛主席的话反对毛主席。

邓颖超同志说：《红旗》杂志至今没刊登关于实践检验真理的文章，群众在王府井已贴了大字报。

宋时轮同志说：《红旗》杂志要旗帜鲜明，有什么意见拿出来嘛！

秦基伟同志说：思想不统一，行动很难统一。例如"两个凡是"、真理标准问题，中宣部、《红旗》杂志至今仍然不表态，群众有猜测、有议论、有忧虑。

就在 11 月 25 日全体会议的前两天，还有一些代表谈到这个问题。

陈鹤桥同志说：真理标准问题，不仅是《光明日报》发了文章，邓副主席也有讲话，《红旗》杂志不表态不正常。中宣部部长持什么态度？令人难以理解。

陈漫远同志对当时的中宣部部长说：不要有顾虑，希望你讲清楚问题，有人说是砍旗，这是否与"两个凡是"有关，是否想用来打人，掩盖自己的错误？

对这个问题的热烈讨论，是在 11 月 25 日全体会议之后。它几乎成了会议的中心话题，每个组都谈，每个代表都谈，形成众炮齐轰的局面。其中原因，分析起来有两个：一是华国锋同志在这次讲话中仍然避而不谈这个问题。前面说了，乔木同志为此还发了个言，提出这个问题在两个意义上是政治问题，希望华国锋主席最后能讲一下。二是有几位宣传口的负责同志发言，不仅为自己的错误进行辩解，而且指责批评他们的人意在"砍旗"，结果犯了众怒。对这个问题的讨论情况，现在一些书中已有详细的介绍，我这里只简单讲讲几位同志的发言。

吕正操同志说：我们需要理论家，但需要有实践或尊重实践的理论家，对那些鼓唇摇舌、翻云覆雨的我们不欢迎。前车之覆，后车之鉴，康生、陈伯达、张春桥、姚文元是最好的说明。吕还面对面批评那位负责中央文件起草工作的中办副主任，质问他：你说吴庆彤不实事求是，（吴在一次发言中讲，"四人帮"在起草总理悼词时搞鬼——笔者注）为什么不在会上讲，却要搞个书面材料经华国锋主席圈阅发下来，这是党内正常生活吗？听说个别人发言还要送审，既然要画圈，算什么畅所欲言？你要实事求是，就应揭发康生。去年中央工作会议你肉麻地吹捧康生，抬高自己，无端打击乔木。吕建议把那位中办副主任在那个会上的发言印发到会同志，让大家看看他是否真的实事求是。

朱穆之同志说："两个凡是"的社论没经过宣传口。对真理标准问题，中宣部没尽到责任，自己没讨论过，却提出有的说好有的说不好，以致闹得全国上下和国际上议论纷纷。

12月3日那天，中南组的召集人段君毅提出后面的会怎么开的问题，说有的组转入了讨论经济问题，有的组转了又转回来。大家表示，还是先议理论问题。随后，王国权同志说：《红旗》不表态，《中国青年》（指《中国青年》1978年第1期，其中有天安

■　1978年9月10日《人民日报》刊登的1978年第1期《中国青年》杂志目录

■ 1978年6月3日《解放军报》关于邓小平在全军政治工作会议上讲话的报道

门事件时的诗抄——笔者注）发下去又收回来，这一连串的事使大家很担心。王还在会上念了一封他写给中央的信，信上说：得知在总理逝世周年时，有人压制宣传规格，责难报刊，这是为什么？联系"两个凡是"出笼，真理标准讨论风波，有人批评《解放军报》关于全军政工会议的报道标题（标题中使用了"邓副主席精辟阐述毛主席关于实事求是的光辉思想"的话——笔者注），感到这是关系安定团结的大问题，要求中央解决。有人错了，要公开检讨。读完信后，他说愿者签名，结果那个组有 24 个人签了名。

同一天，在华东组会上，吕正操同志也发言说：看到别组的简报，感到我们组的议题转早了。然后，他批评了宣传口几位负责同志发言中的错误。其他代表，如张香山、萧望东、江渭清、廖汉生等也纷纷发言，对那几位同志提出批评。李丰平同志还针对宣传口一位同志的发言说：这个发言影射攻击乔木。我认为乔木同志说"真理标准本来是理论问题，但在两个意义上是政治问题"的论点是正确的。

由于宣传口一位负责同志说了一句"中央的方针是放"，他所在的西南组的同志便问他，这是谁说的。他说：别人告诉我，乔木同志在社会科学院传达中央领导指示时说，关于真理标准问题可以开展讨论。胡绩伟同志马上说：乔木同志说可以讨论，你概括为"放"的方针，妄图把责任推给乔木，这是诬陷乔木，简直卑鄙！

在代表们的批评帮助下，到了会议末期，那几位受批评的宣传口的负责同志，先后都表示了接受批评的态度，并程度不同地作了检讨。

4. 关于中央人事安排包括宣传领导部门人事调整的问题

这个问题实际与前三个问题是连在一起的，是解决前三个问题合乎逻辑的自然的结果。因为，重大历史遗留问题中就包括关于中央领导人的功过是非问题，对当时个别中央领导同志和几位宣传口负责同志的意见也就包括他们在原有岗位上是否合适、如果不合适谁合适的问题。对这些问题，在会上尤其在会议后期，代表们议论得比较多，意见也比较集中，比较一致。从发言上看，大家谈得最多的有这样几条：一是汪东兴同志应当辞去各种兼职，二是陈云同志应当担任中央副主席，三是胡乔木同志应当负责意识形态工作。另外，也有不少人谈到胡耀邦、王震同志应当进政治局。下面把谈到陈云和胡乔木的发言介绍一下。

第一个在小组会上提出陈云同志应担任副主席的是王震。他在 11 月 28 日西北组会上提了五条建议，第一条就是陈云担任副主席。他说：陈云过去是我们党的一位副主席，不少人希望选陈云同志担任副主席。他还说：有些干部力不胜任，应允许提出辞职或免职，自己也应主动辞职。

以后又有许多代表表示了同样的意见。例如，李强同志在书面发言中建议陈云当副主席。他说：陈云是我党有丰富经验的老同志，既有白区工作经验，又有苏区工作经验；既有党的工作经验，又有经济工作经验。陈云同志过去曾是党中央的副主席，请中央考虑选陈云担任中央副主席。

黄新廷同志说：同意陈云当副主席。

柴树藩同志说：过去说陈云一贯右倾，不公正。

刘震同志说：赞成陈云当副主席。陈云同志平易近人，关心干部。去年金明要我转一封信给中央，我找过纪登奎，他不管。找到陈云同志，陈云亲切地对我说：不光是金明的问题，"六十一人叛徒集团"的问题我也在考虑。他们的问题我是了解的，我那时是中组部部长，我在适当时机要向华主席报告这个问题。你放心，我要管这个事。由此可以看出，陈云勤勤恳恳，实事求是，对党对同志非常负责，是经得起历史检验的，是很难得的。

韩光同志回忆了陈云在莫斯科给他们讲课的情况，还说到三年困难时期，陈云同志看到科委的一份简报上载有每两大豆所含蛋白质数量和每人每天所需数量的材料，经自己计算，决定给十七级以上干部每人每月发两斤大豆，保证了这批干部的起码营养。

杜义德同志说：延安时期，王明要求把中央迁到武汉（王明时任长江局书记，长江局设在武汉——笔者注），毛主席不同意，陈云同志在关键时刻投了毛主席一票。陈漫远同志也说：延安时期中央开会，与王明路线斗争，陈云同志当时有病，躺在担架上去投了毛主席一票。

对这件事，陈云同志在 12 月 10 日发言中特别提了一下，对不准确的地方作了纠正。他说：当时没有用担架抬。那时他曾劝博古，应当让王明回延安，博说王明对于延安发电用中央书记处的名义不满意，说延安的书记不比国统区的书记多。（长江局委员中同时是中央书记处成员的还有周恩来、博古、凯丰——笔者注）他把博的话报告了毛主席，主席以后再发电，〔落款〕就改用毛洛康陈（即毛泽东、洛甫、康生、陈云，他

■ 陈云（左）与作者一起看报

们是在延安的中央书记处成员——笔者注）。这件事，陈云同志后来在我担任他秘书期间，对我也说过。他说：毛主席听到王明那个话后，再给武汉发电，抬头仍是陈周博凯（陈指陈绍禹，即王明——笔者注），落款改为毛洛康陈，不再用书记处的名义。延安整风时，博古否认他曾向我讲过这个话。周总理找他谈话，要他说实话，他又承认了。总理说："那你要向陈云同志道歉。"

关于把陈云补进政治局并担任中央副主席的事，早在1977年3月中央工作会议上就有人提出。邓小平同志恢复工作后，同叶剑英同志等在中央会议上也多次提过这件事，都被有人以毛主席说过"陈云一贯右倾"为由挡了回去。到了党的十一大上，许多代表又提出应让陈云、邓大姐、王震进入政治局，还是没有得到他们的同意。直到十一届三中全会前的中央工作会议期间，代表们在下面提，邓小平、叶剑英、李先念在上面提，上下夹攻，这才算通过。

2005 年由中央文献研究室编写的《陈云传》中，对十一届三中全会前的中央工作会议的一些代表要求选陈云同志为党中央副主席的发言，有很详细的介绍。现将我前面没有提到的内容，照录几段如下：

> 12 月 3 日，韩先楚在西北组会议上发言。他说："这次会议开得很好，民主空气浓，畅所欲言，各抒己见，中央根据大家的意见解决了多年来遗留下来的许多重大问题。这次会议比十一大，比上次中央工作会议大大地进了一步。"对于中央的人事安排，韩先楚说："小平同志讲的，加可以，不要减，是对的。我赞成中央委员会和政治局增加一批老同志，这也是大家的要求。在党的十一大会上，我们军队代表团曾经提议陈云、邓大姐、王震等几位同志进政治局，据说其他代表团没有不同意的，但大会没有采纳大家的意见。我同意王震同志的意见，选陈云同志任党中央副主席、常委，并建议排在东兴同志前面。陈云同志正派，民主作风、联系群众好，善于思考问题，想得深，看得远，处事稳重，他有丰富的领导经验和领导能力。中央委员里，他是最老的一个。过去是我们党的副主席。他对我们党的历史也比较熟悉，在党内外、国内外是有影响的。对这个问题，群众也有

议论，看来是人心所向。"

同一天的西北组会上，姚依林发言说："邓、李副主席提出要大家酝酿陈云、邓颖超、胡耀邦、王震四位同志参加政治局，我完全拥护。还有七位同志参加中央委员会，我也完全同意。我完全赞同王震同志提出的陈云同志担任党的副主席、参加政治局常委的建议。陈云同志担任副主席、参加常委，有利于党的事业，有利于加强党的安定团结。十一届一中全会陈云同志未能进政治局，干部、党员和群众是有广泛议论的。陈云同志是我国工人运动的老一辈的领导人，是目前仅存的党的六大中央委员，是八大副主席，现在八大第一次会议（应是八届一中全会——引者注）的副主席，也只剩下陈云同志一个人了。"

姚依林接着说："我是一九四九年才认识陈云同志的，我觉得他为人很正派，作风很深入，对同志很热忱，很平易近人，很遵守组织纪律。他讨论问题，总是把观点最'左'的、中间的和最右的同志找到一起，要大家充分发表意见。他要求大家畅所欲言，可以讲到'左倾机会主义'的程度，也可以讲到'右倾机会主义'的程度。他细心倾听各种各样的意见，取长补短，加以比较分析，趋利避害，从中得出正确的结论。一个重大问题，往往是十来个人讨论若干天才定下来。在大家意见一致没有对立面的情况下，他自己往往设想若干不同的意见，让大家一条一条来驳。他这种民主作风，我体会很深刻。"

姚依林还说："我不赞成那种'陈云同志一贯右倾'的

说法。全国解放以来，他在毛主席的领导下，在任弼时同志逝世后参加书记处，主持财经工作。在全国财经统一、稳定物价、抗美援朝、粮食统购统销、资本主义工商业公私合营、制定第一个五年计划等方面，他的主张是正确的，是经得起历史检验的。关于反冒进问题，陈云同志究竟有多少错误？究竟有没有错误？当时批评他的那些论点，究竟是否站得住脚？这是值得认真研究的。实践是检验真理的唯一标准。我们现在计划中讲的许多问题，还是采用了多年以前陈云同志讲过的观点。例如，陈云同志说过，搞建设要在有吃有穿的基础上。他曾对我解释这个观点，说明只能提有吃有穿，不能提吃饱穿暖，这两者是有区别的，但是没吃没穿是搞不了建设的。他还讲过，我们的平衡只能是紧张的平衡，但是不能不平衡。我认为这些道理至今仍然是适用的，现在我们的计划，还是紧张的平衡。我认为，陈云同志当时不同意那种不顾人民生活、只热衷于搞工业化的观点，是正确的。三年困难时期，陈云同志执行调整、巩固、充实、提高的八字方针，提出的解决问题的措施，对扭转当时困难局面，起了积极作用。当然也有错误的地方。陈云同志对伟大领袖毛主席直言不讳，从来不隐瞒自己的观点。"

12月7日，谷牧在中南组讨论时的发言中说："陈云同志长期戴一顶右倾的帽子。多年的实践证明，不能给陈云同志戴这样一顶帽子。陈云同志的特点是慎重，在任何情况下，对各类事情都能冷静周密地思考，采取审慎负责的态度，从不随声附和。他工作抓得很细，许多事都是亲自调查研究，然后作出妥善处理。例如三年生活困难时期，他亲自找专家调查，每天一个人至少需要多少大卡热量和多少蛋白质，才可以避免浮肿。经过计算，就毅然下决心给十七级以上的干部每人每月补助两斤黄豆、一斤糖，还有一些别的措施。这种关心干部、深入细致的作风，给人们留下了难忘的印象。他的所谓错误，就是七千人大会上让他讲话他没讲，后来在国务院小礼堂一次会上讲了当时的国民经济形势和建议采取的措施。这究竟算不算错误？我的看法，那时说大话、唱高调的人太多了，能像他那样讲话的人太少了。把国民经济形势告诉大家，提出解决办法，即使有些情况讲得有些重了，敲敲警钟引起大家注意，有什么不好？这件事不能算个问题，应当恢复陈云同志的名誉。"①

关于胡乔木，有如下一些发言。

于光远同志在 11 月 26 日发言批评那位分管中央文件起草工作的中办副主任时说：他在 1976 年主持编《毛泽东选集》那摊子搞批邓，以胡乔木是邓小平重用的人、跟邓小平干了很多坏事、篡改"毛著"为借口，大整乔木同志，说乔木同志"一点马克思主义也没有"。我和邓力群觉得他居心不良，想把乔木同志打下去，好把"毛著"编辑工作抓在自己手里。《论十大关系》，乔木动手修改前的确有一个他和另外几个人整理的稿子，但并不行。乔木下了很

---

① 《陈云传》(下)，中央文献出版社 2005 年版，第 1490—1494 页。

大功夫，才整理成现在这个样子。我和吴冷西等议论，很佩服乔木同志的本事，把这个讲话整理得这样好，大大改变了原整理稿的面貌。小平同志、政治局、毛主席对这篇整理稿都很称赞。而他一方面把功劳记在自己和康生账上，一方面又把篡改的罪名加在乔木头上，能说正派吗？1975年经毛主席批准，成立了由小平、康生、乔木组成的三人小组，负责《毛泽东选集》工作。现在小平同志早就出来工作了，乔木的罪名也不成立，应予平反。

于光远同志在这里所说的胡乔木整理《论十大关系》的事，邓小平同志在1977年5月24日同王震、邓力群谈话时也提到过。那是在谈到胡乔木恢复工作问题时说的，他说：

> 乔木是我们党内的第一支笔杆。过去党中央的很多文件都是他起草的。毛主席尽管对他有批评，可是一向重视他。有几个人联合起来反对他，一是陈伯达，一是康生。结果主席没有办法，只好不用。（谈到《论十大关系》这篇文章是谁整理好的）这事我可以作证，是乔木同志主持，整理了好几稿才搞成。在这以前搞了几遍都不行。这次文字上下的功夫很不少，整理后的文字、理论、逻辑很严密，成了一篇理论文章、哲学文章。《论十大关系》是《毛泽东选集》第五卷中新发表的文章中最重要的文章。《关于正确处理人民内部矛盾的问题》早发表了，这篇是新发表的。总而言之，乔木这个人还是要用。至于怎么用，做什么工作，要找同志商量，交换意见。他这个人缺点也有，软弱一点，还有点固执，是属于书生气十足的缺点，同那些看风转舵的不同。

许多代表提议，应由胡乔木同志负责"毛著"编辑等意识形态工作。

陈鹤桥同志说："毛著"办公室应改组，乔木同志是我党很老的理论家，为什么把他排斥在外，建议让他来主持。

韩先楚同志说：建议乔木同志参加"毛著"办公室，他懂党史。

刘震同志说：乔木同志在主席身边工作多年，工作老老实实，任劳任怨，理论上很严谨，很认真，有实践经验，有较高的理论水平。

王震同志说："毛著"编委会可以吸收不是政治局的人参加。

杨立功同志说：学大寨会上我和乔木同志在一起，他有些作风使我很受教育，他对工作很认真负责，一丝不苟，实事求是，平易近人，虚心听取各方面意见，使我感受很深。

薛辉同志说："毛著"班子中原有乔木、力群、光远。"四人帮"打击他们，"四人帮"倒台后，他们却没有参加进去。乔木同志编《毛泽东选集》有贡献，理论上有成就，建议让乔木等参加"毛著"办公室。

华楠同志说：乔木过去整理"毛著"有经验，有成绩。1975年他是"毛著"工作小组的负责人，后被排挤出去，建议让他继续参加"毛著"办公室的负责工作。

马文瑞、王首道同志建议在政治局领导下，设立党史编委会，由陈云、邓大姐、聂帅、胡耀邦、胡乔木组成。马还说：为什么不让乔木参加编《毛泽东选集》的编辑工作，我觉得前四卷比第五卷编得好。乔木参加了前四卷工作，起码有经验。

李志民同志说：乔木在"毛著"编委会中受排斥打击，建议中央对"毛著"办公室要整顿。

张爱萍同志还建议胡乔木任中宣部部长。

到了会议快结束时，各组纷纷以全组的名义，就人事等重要问题向中央政治局常委和政治局提出书面建议，一致拥护陈云、邓颖超、胡耀邦、王震四位同志进政治局，陈云担任中央副主席；一致要求整顿中办、中央警卫局、"毛著"办公室、《红旗》杂志社。有四个组在书面建议中还分别提出：过去撤销乔木同志在"毛著"办公室的负责工作是个冤案，应予平反，恢复工作；改组"毛著"办公室，由乔木同志主持；乔木同志参加"毛著"办公室和中宣部领导工作；乔木

■　中共十一届三中全会闭幕后，胡乔木（右二）按原计划于1979年1月出访日本，这是他在日本著名学者井上靖家拜访。右一为作者

同志任中宣部部长。

在三中全会闭幕后，中央于 12 月 25 日紧接着开了个政治局会议。会议决定设立中央秘书长和副秘书长，并由胡耀邦任秘书长兼中宣部部长，胡乔木任副秘书长兼"毛著"办主任，姚依林任副秘书长兼中央办公厅主任。三天后，胡耀邦同志在中央党校传达全会精神，有一段话专门讲到中宣部部长人选的问题。他是这么说的：

> 本来有的同志提议乔木同志当中宣部长，他是最合适了。为什么不是他呢？中央的同志有过考虑，乔木同志思想水平比较高，宣传部的工作还有许多行政事务，如果要他来管宣传部，势必要分散一些精力搞行政，这就是浪费人才。所以，避其所短，用其所长。

我从会议发言中归纳了以上四个主要内容，不一定准，也不等于说没有其他内容。比如，关于经济问题，也有不少精彩的发言。特别是陈云同志在 12 月 10 日的发言，针对当时经济工作指导思想中急于求成的"左"的错误和国民经济重大比例失调的实际情况，提出了四化建设必须坚持"既积极又稳妥"的方针，要大量进口粮食、先稳定农民这一头，工业引进项目要循序而进、不要一拥而上等五点意见。他这个发言中的基本思想也被会议所接受，写进了三中全会公报，成为会议的重要成果之一。公报指出：必须看到"国民经济中还存在不少问题。一些重大的比例失调状况没有完全改变过来，生产、建设、流通、分配中的一些混乱现象没有完全消除，城乡人民生活中多年积累下来的一系列问题必须妥善解决。我们必须在这几年中认真地逐步地解决这些问题，切实做到综合平衡，以便为迅速发展奠定稳固的基础。基本建设必须积极地而又量力地循序进行，要集中力量打歼灭战，不可一拥而上，造成窝工和浪费。"① 这实际上等于否定了前一时期在急于求成的"左"的思想指导下兴起的"洋跃进"，预示着建国后第二次大规模经济调整的开始。

陈云同志的这个发言已收入了他的文选，题为《关于当前经济工作的五点意见》。但那天还有一次发言，讲了三个意见，其中有两个意见收入了《陈云传》：

一、汪东兴同志在抓"四人帮"这件事上是出了力的。对这一点我当时就请叶副主席转达我对汪东兴同志的敬意。但是我当时声明，我不说什么汪东兴同志立了一大功，我说这是一个共产党员在必要的时刻，做了必须做的工作。对汪东兴同志在这件事情上出了力，党是应该记录在案的，但是汪东兴同志在"文化大革命"中直到八届十二中全会前后，是有错误的，也是欠了账的。现在党内议论纷纷，就怕政治局常委出问题。许多同志因叶帅年老了，怕将来党内要出事，就怕邓小平同志再被打下去。这是党内许多干部都担心的问题。我认为汪东兴同志对"文化大革命"中的错误，对

---

① 《三中全会以来重要文献选编》（上），人民出版社 1982 年版，第 6 页。

现在出现的一些不正常事情应该有所检讨和说明，对汪东兴同志这些问题也应该记录在案。

二、有人提出成立中央书记处，我赞成。这可以使中央常委摆脱日常小事，更集中精力于国家大事。这也可以使年老同志减轻工作，也可以使汪东兴同志所管的工作大大减少。①

另外一个意见可以在《陈云年谱》中看到，他说：

这次工作会议开得很好，好就好在真正恢复了党的民主作风。对同志的批评指名道姓，畅所欲言，这是会风，也是党风。如果我们党能保持这次会议的作风，世界社会主义的胜利就有了保证。②

从以上这些发言的内容可以看出，会议开得确实生动活泼，真正做到了知无不言，言无不尽。不过，会上也有少数发言，仍带有"文化大革命"时期假大空的遗风。如一位部队代表听了华国锋开幕时的讲话，一上来就说什么"英明领袖"、"非常重要"、"极为鼓舞"、"完全同意"等套话、大话。还有一位省委书记，发言800多个字，竟然讲了10个"华主席"，还说什么"深受教育"、"非常必要"、"完全正确"、"重大意义"、"一定努力"、"决心遵照"，等等。这种发言与会议的整体气氛极不协调，到了后期，也就销声匿迹了。

了解了这些情况，再回头去读邓小平在中央工作会议闭幕会

---

① 《陈云传》（下），中央文献出版社2005年版，第1494—1495页。
② 《陈云年谱（修订本）》下卷，中央文献出版社2015年版，第255页。

■ 胡乔木（左）、周惠在中共十一届三中全会上

上的讲话和叶剑英、陈云在全会闭幕会上的简短讲话，相信大家
都会有同感。

邓小平同志说：

> 　　这次会议讨论和解决了许多有关党和国家命运的重大
> 问题。大家敞开思想，畅所欲言，敢于讲心里话，讲实在
> 话。大家能够积极地开展批评，包括对中央工作的批评，
> 把意见摆在桌面上。一些同志也程度不同地进行了自我批
> 评。这些都是党内生活的伟大进步，对于党和人民的事业
> 将起巨大的促进作用。①

①《邓小平文选》第2卷，人民出版社1994年版，第140—141页。

叶剑英同志说：

在会议整个过程中，恢复和发扬了党的群众路线、民主集中制、实事求是的优良作风。大家畅所欲言，充分讨论，解决了全党和全国人民共同关心的一系列重大的历史问题和现实问题，开展了批评，一些犯了错误的同志也不同程度地作了自我批评。同志们讲，这次会议上实行这样充分的民主，确实是一个很好的开端，带了头。我们一定要永远坚持，发扬下去，一定要推广到全党、全国去。①

陈云同志说：

三中全会和此前的中央工作会议开得很成功。大家在马列主义、毛泽东思想的基础上，解放思想，畅所欲言，充分恢复和发扬了党内民主和党的实事求是、群众路线、批评和自我批评的优良作风，认真讨论了党内存在的一些重大问题，增强了团结。真正实现了毛泽东所提倡的又有集中又有民主，又有纪律又有自由，又有统一意志，又有个人心情舒畅、生动活泼的那样一种政治局面。在延安整风时，毛泽东首先集中了几十个高级干部，连续开了几个月的整风会议，大家面对面地指名道姓地批评和进行自我批评，认真总结建党以来的经验教训，写出了《关于若干

①《叶剑英选集》，人民出版社 1996 年版，第 493 页。

历史问题的决议》。党的七大后，全党同志团结一致，取得
了抗日战争和解放战争的胜利。一九五七年以后，由于种
种干扰，毛泽东提出的这种心情舒畅、生动活泼的政治局
面很多年没有实现。这一次党中央带了个好头，只要大家
坚持下去，就有可能在全国实现。①

三中全会公报把他们的这个意思也写进去了。公报导语部分
的最后一段说：

> 全会认为，这次会议和会议以前的中央工作会议，在
> 党的历史上具有重大的意义。在两个会议的整个过程中，
> 大家在马列主义、毛泽东思想的基础上，解放思想，畅所
> 欲言，充分恢复和发扬了党内民主和党的实事求是、群众
> 路线、批评和自我批评的优良作风，增强了团结。会议真
> 正实现了毛泽东同志所提倡的"又有集中又有民主，又有
> 纪律又有自由，又有统一意志、又有个人心情舒畅、生动
> 活泼，那样一种政治局面"。全会决定，一定要把这种风气
> 扩大到全党、全军和全国各族人民中去。②

这些话，可以说毫不夸张地反映了会议的真实情况。

---

① 《陈云年谱》下卷，中央文献出版社 2000 年版，第 231 页。
② 《三中全会以来重要文献选编》（上），人民出版社 1982 年版，第 2 页。

会议文件形成的
若干情况

　　十一届三中全会形成的传达文件和公布文件共有 12 个。其中八个是讲话，即华国锋在中央工作会议上的开幕词、在 11 月 25 日大会和闭幕会上的讲话，以及在三中全会上的开幕词和闭幕词，邓小平和叶剑英在中央工作会议闭幕会上的讲话，陈云在三中全会闭幕会上的讲话。另外三个是草案，即《关于加快农业发展若干问题的决定（草案）》《农村人民公社工作条例（试行草案）》《1979 年和 1980 年经济计划安排（草案）》。还有一个是全会公报。这里面最重要的是两个，即邓小平同志的讲话和全会公报。另外，农业问题的决定、叶剑英同志在中央工作会议闭幕会上的讲话也很重要。华国锋同志在全会闭幕会上的讲话作为一个历史文件，也有它的重要性。这五个文件形成的情况我不完全清楚，但就我所知，它们全都经过了胡乔木同志之手，要么是由他主持和参与起草的，要么是由他最后改定的。

　　下面按时间顺序，分别讲讲我所了解的胡乔木与这五个文件形成的关系。

（一）关于农业发展问题的决定稿

对这个决定最初的稿子，代表们普遍表示不满意，认为太一般化、缺少措施、不解决问题。例如，习仲勋同志说，这个决定稿写得太散，没有中心；最大的缺点是没有很好总结过去的经验，没有揭露矛盾，也没有提出解决问题的新办法。安平生同志说，农业和农村问题的两个文件稿对实际存在的主要矛盾都揭得不透，措施也不够有力。刘志坚同志说，农业问题的决定稿"普通话"太多，条条太多，揭露矛盾太少。于是，会上形成了三种意见：一是在原基础上小改；二是大改；三是这次会上先不搞了，以后再说。最初似乎采纳的是第一方案，因此从各组抽出一些对农业有一定研究的人组成了一个综合组，由纪登奎同志牵头，专门修改这个文件，胡乔木同志也被抽去。

11月22日晚上，胡乔木同志告诉我，他在下午的综合组会上放了一炮，说多少年来，我们对农业缺少认真的研究，这次会前也缺少足够的准备。因此，对农业上不去的根本原因是什么，怎么才能上去，谁也谈不出系统的意见。他建议，这次会上只搞两个关于农业的具体问题的决议，即提高农产品收购价格和增加农产品进出口。至于加快农业发展速度的决定，待会后经过认真调查研究再搞。他还说，1957年以前，我们搞一次运动，生产就上升一次，而那以后，搞一次运动，生产就被破坏一次。为什么？根本原因就在于生产力没有变化，却要不断改变生产关系。当时，李先念同志也在场，参加综合组的讨论。李先念表示赞同他的意见，但补充了一点，就是《关于加快农业发展速度的决定》还是要在这次会上搞出来，而且就由他胡乔木负责来搞。乔木同志又说，农业上去不是写出来的，而是要拿出切实可行的办法。大家对此不下功夫研究拿出办法，光靠写是很困难的。但这之后，中央正式决定由胡乔木同志主持关于农业问题决定稿的修改，他只好服从。会议的后半期，他把很大精力放在了这件事情上。

会议开始不久，西北组在讨论时提出对农业决定要大改，胡耀邦同志组织国务院政研室于光远、梅行、有林、林子力等几位同志，已经尝试着重写这个稿子。中央决定由胡乔木负责修改后，耀邦同志便让他们写出一部分即交胡乔木修改一部分。邓小平同志对此也很关注，让胡乔木修改好一部分即送他看一部分。但到12月7日，胡乔木把稿子退给了于光远同志。原因是他感到这个稿子最大的问题是讲了许多道理，却没有拿出切实可行的办法，他改了几天，改不下去了。刚好第二天，他收到原稿起草组两位同志搞的原稿修改稿，胡乔木看后觉得这个稿子倒比较实在，还好改些。他和胡耀邦说了这个想法，耀邦同志表示同意。

12月10日，胡乔木召集综合组开会，胡耀邦、赵紫阳（时任政治局委员、四川省委第一书记）、姚依林（时任国务院财贸办公室主任）等都参加，讨论用哪个稿子为基础修改好。经过比较，大家确定就用原稿起草组同志改写的那个稿子。此后，乔木同志一边参加会议，一边反复修改那个稿子。临到会议结束之前，总算拿出了一个成品。说是修改，实际上是重写，题目也改为《关于加快农业发展若干问题的决定》，去掉了"速度"两字。

■ 邓小平（右）、陈云在中共十一届三中全会闭幕会上（1978 年 12 月 22 日）

代表们看后，普遍感到满意，觉得这回像个中央文件了。但是，时间毕竟还是太短，缺少充分的讨论。因此，经胡乔木建议，这个决定草案在随后召开的三中全会上只是原则通过，会后连同《农村人民公社工作条例（试行草案）》一起，发到各地讨论和试行。经过九个月时间的讨论和试行，在 1979 年 9 月下旬召开的十一届四中全会上，对它又作了必要的修改，才正式予以通过。

这个决定分析了农业的现状，总结了历史的经验，部署了实现农业现代化的工作，拿出了发展农业生产的 25 项政策和措施。我认为其中最主要的有六条，即：第一，规定可以在生产队统一核算和分配的前提下，包工到作业组，联产计酬；第二，规定粮食统购价从 1979 年夏粮上市起提高 20%，超购部分再加价 50%，棉花等农副产品价格也相应提高；第三，规定化肥、农药等农用工业品在 1979、1980 两年里降低价格 10%~15%，并把降价的好处让给农民；第四，规定粮食征购指标在今后一个较长时间内，稳定在 1975 年的基础上，并减少 50 亿斤；第五，国家实行低税或免税政策，大力发展社队企业，发展小城镇建设；第六，国家对农业投资在三五年内逐步提高到整个基本建设投资的 18% 左右。

三中全会公报反映了这个决定的主要内容，指出，全会认为全党目前必须集中主要精力把农业尽快搞上去，并列举了发展农业生产的最重要的政策措施和经济措施。虽然在这之后，农村改革又有了迅猛的发展，生产责任制大大突破了包工到作业组的形式，普遍实行了包产到户、包干到户，但这个决定对于冲破"左"倾错误在农业问题上设置的禁区，解放和统一广大农村干部的思想，调动亿万农民的积极性，大幅度提高粮食产量和增加农民收入，还是起到了历史性的作用。

（二）关于邓小平在中央工作会议闭幕会上的讲话稿

前面说到，早在 1978 年 10 月下旬，我随胡乔木同志在天津、上海搞调研期间，邓力群同志就打电话，说小平同志从日本访问回来后要找乔木谈在中央工作会议上的讲话问题，要他 29 日赶回北京。胡乔木回京后即到邓小平家中谈讲话稿起草的问题，接着便着手搞这篇讲话稿。那时，邓力群已组织国务院政研室写作组林涧青、苏沛、滕文生等几位同志，按邓小平同志的意思搞了个初稿。胡乔木看后，向他们进一步交待了思路，自己写一个部分，让他们起草另外两个部分。开始，由于邓小平 11 月 5 日又要出国访问，所以胡乔木很是着急。后来，邓小平决定从国外回来后再谈讲话稿的事，胡乔木这才松了口气。11 月 8 日，也就是工作会议前两天，讲话稿的初稿全部搞完，由我发给了邓办。11 月 14 日晚上，邓小平由东南亚访问回国，16 日即约胡乔木去他家谈那个讲话稿。那时，中央工作会议已经进行了六天。19 日，胡乔木按邓小平同志的意思把稿子改好，交我誊写后，发给了邓办。

前几年，香港出了一本内地人写的书，上面讲 11 月 5 日，胡耀邦找冯文彬、阮铭和这本书的作者去，说邓小平的讲话由胡乔木起草，着重讲工作重点转移；叶剑英的讲话让作者和阮铭起草，着重讲分清是非问题，都要在三天内写出初稿。过了几天，听说他们起草的讲稿基本被通过了，而胡乔木起草的讲稿却被否定了，并且获得了一个"看来他不行了"的评语，讲稿改由别人另拟云云。作者还说他看过那份讲稿的复印件，稿子是胡乔木向秘书口授，秘书记录，然后胡乔木亲笔修改而成的（可能是指我誊写的那份）。以上这些，在阮铭"八九风波"后跑到国外写的一本名叫《历史转折点上的胡耀邦》的书中，也有大致相同的描写。只要同我亲身经历的过程对照一下便可看出，这种说法带有很大的演义成分。

关于他们起草的叶剑英同志的讲稿是否被通过的事这里暂且不说，先说邓小平同志的这个讲话稿。前面说了，这个稿子早在 10 月下旬就开始写了，11 月 16 日，邓小平约胡乔木谈话，是谈已写出的初稿。初稿的定稿是 19 日递给邓办的。但过了没几天，华国锋同志在 25 日全体会议上代表政治局宣布了一系列平反决定，再加上天安门事件公开平反后在党内和社会上引起的巨大反响，使形势发生了急剧变化。原来的讲话稿主要围绕工作重点转移的问题展开，先讲重点转移的意义，然后讲怎样才能实现这个转移，其中讲要解放思想，要调动一切积极因素，要改革不适应发展生产力需要的生产关系和上层建筑。但会场内外形势的变化使重点转移的问题已经变得不那么突出了，比较突出的问题是真理标准讨论的问题、发扬民主的问题、团结一致向前看的问题和经济管理体制的问题。这样一来，胡乔木为邓小平准备的讲话稿便显得不适用了。于是，12月2日，当会议进入后期时，邓小平再次约见胡乔木，谈他的讲话稿问题。那时，胡乔木正在集中力量修改关于农业问题的决定，而邓力群又随国家经委的代表团去日本访问，不在国内。按照国务院研究室起草文件的工作程序，一般是胡乔木为第一层次，邓力群为第二层次，以林涧青为首的写作组为第三层次。任务来了，先由乔木同志谈个想法，然后通过邓力群交给林涧青，林等拿出初稿后，交邓先改一道，最后送乔木。邓小平同志此前的几个重要讲话稿，包括为这次中央工作会议准备的第一个讲话稿的起草，都是这么运作的。所以，胡乔木在去邓小平同志家谈话之前，叫上了代替邓力群作为国务院研究室代表参加会议的于光远同志，准备让他作为第二层次组织林涧青等人先搞出个初稿。

1997年夏天，《百年潮》上发表的《一份邓小平珍贵手稿的发现》上说，邓小平在谈话时拿出了个自己写的讲话提纲，共七条，手稿仍在于光远家里。文中还说："小平同志的讲话稿是在中央工作会议期间写成的。最初请另外的同志起草了一个稿子，小平看了不满意。他就自己亲拟了这份提纲，召集胡耀邦、于光远等谈起草讲话稿的问题。"邓小平同志的这个提纲，我估计是在 12 月 2 日那天，由于要让于光远先组织人写初稿，所以交给于拿走了。不过，当起草的同志按八个问题写出第一稿后，邓小平同志又在 12 月 5 日找胡乔木等人去谈话，说他考虑只讲四个问题。胡乔木事后对我说过大意，所以我有个记录。我记的是，邓小平说："这次别的问题都不讲了，只讲四个问题：第一，解放思想。真理标准问题的讨论，的确是一个思想路线问题，是一个重大政治问题，是关系到党和国家前途命运的问题。第二，发扬民主。当前最迫切的是扩大厂矿企业和生产队的自主权。民主选举的范围要逐步扩大。第三，向前看。对过去搞错了的要纠正，也要给犯错误的同志认识和改正错误的时间。对毛泽东同志和'文化大革命'的评价，要从国际国内的大局出发，从历史的角度来看。第四，研究和解决新问题。要用经济办法管理经济，要特别注意加强责任制。要用先使 10%～20%的人富裕起来的办法，扩大国内市场，促进生产发展。"后来，邓小平同志在工作会议上的讲话中，讲的就是这四个问题。

邓小平同志在会议后期找人去谈讲话稿，凡是国务院研究室的人，每次都是邓办给我打电话，要我通知并报车号，所以我有记录。而胡耀邦同志去，是邓办与他的秘书直接联系，不经过我，所以我不知道，即使知道，也是听别人说的。据我记录，从 12 月 2 日起至 13 日会议闭幕，到小平同志那里谈话共有四次。第一次 12 月 2 日，是胡乔木和于光远去的；第二次 12 月 5 日，是胡乔木和于光远、林涧青去的；第三次 12 月 9 日，还是胡乔木和于光远、林涧青去的；第四次 12 月 11 日，胡乔木因会议马上要结束，正在突击改农业决定稿，抽不出身，是胡耀邦和于光

■ 胡乔木于1978年12月5日在邓小平谈话时的记录稿

远、林涧青去的。

胡乔木同志如何向起草的同志作交待，我不在场，不清楚，但他们每写出一稿都送到胡乔木手里则是确实的。仅我记录，胡乔木就改过两次。一次是 12 月 6 日，林涧青他们按照邓小平 12 月 5 日的谈话，把稿子分四个问题写完后送来。记得那天晚上，胡乔木并没有动笔，但第二天早饭后，他却把改过的稿子交给了我。后来我问他是什么时候弄的，他说是半夜两点爬起来，用了两个多小时改好的。邓小平同志看后，于 12 月 9 日再次约胡乔木等同志去，说这回稿子差不多了，并提了一些小的修改意见。另一次修改是在 12 月 13 日闭幕会那天，邓小平下午 4 点就要讲话了，午饭后，胡乔木还在对讲话稿进行最后的文字润色，直到下午 2 点才脱手。那时，胡乔木已是 66 岁的人了，这种拼命工作的精神，给我留下了很深的印象。由于距离开会时间很紧迫，他要我坐他的车，将讲话稿直接送到邓小平家中，是我亲手交给小平同志秘书的。

以上情节，我早在为纪念乔木同志逝世二周年而写的《胡乔木在十一届三中全会上》一文中，就已作过披露。文章发表在《党的文献》1994 年第 5 期上。那时，还没有什么人，无论内地的还是海外的，在媒体上说到邓小平同志讲话稿的起草问题。从这个过程可以很清楚地看出，第一，胡乔木在 11 月 19 日前准备的稿子是根据邓小平几次谈话的精神而写成的，之所以重写，是因为会议形势发生了变化，不存在什么邓小平同志对那个稿子"不满意"的问题。第二，胡乔木从始至终参与了对第二个稿子的起草工作，并参加了在邓小平家的几乎所有谈话，不存在"看来他不

■ 邓小平（左二）与胡乔木（右二）在中共十二届四中全会上交谈（1985 年 9 月）

行了"、"改由别人另拟"的问题。如果邓小平同志果真认为"乔木是不行了"，那又如何解释十一届三中全会之后，邓小平仍然请乔木为他起草 1979 年 3 月 30 日在党的理论工作务虚会上的讲话（即《坚持四项基本原则》）、1980 年 8 月 18 日在中共中央政治局扩大会议上的讲话（即《党和国家领导制度的改革》）、1980 年 12 月 25 日在中共中央工作会议上的讲话（即《贯彻调整方针，保证安定团结》）等一系列重要讲话稿，中央仍然让乔木负责起草叶剑英在庆祝建国 30 周年大会上的讲话、《建国以来党的若干历史问题的决议》和党的十二大报告等一系列重要文件呢？

邓小平同志在十一届三中全会之前中央工作会议上的讲话是这次会议最重要的文件，其主要意思是邓小平自己考虑的，具体执笔起草的同志做了很多工作，有的同志虽然没写一个字，也参与了意见，这些都应给予肯定。但不能因此就否定胡乔木在这里面所做的工作，甚至不顾事实，往他身上泼脏水。胡乔木同志如果在世，绝不会争哪篇讲话是他起草的。他的一生，包括十一届三中全会前也包括十一届三中全会后，为中央不知起草、修改了多少重要文献，从来没有听他说过哪篇是他写的。在他看来，这些都是他该做的，是分内的事。但是，如果有人采取不公正的态度对待他，那就有必要把事实真相讲清楚。就像当年在中央工作会议上一些代表说的那样，对乔木应当公正，不要诬陷。

由中央文献研究室编写、于 2004 年出版的《邓小平年谱》，对这篇讲话的起草过程有十分具体、详细的记述。这里不妨将有关条目摘引如下，以便读者查阅判断：

10 月底 约胡乔木到家中谈准备在中央工作会议上的讲话稿的起草问题。

11 月 16 日 上午，约胡乔木谈在中共中央工作会议上的讲话稿的修改问题。十九日完成的修改稿，主要阐述了工作重点转移的意义和怎样实现转移问题，其中提出要解放思想，调动一切积极因素，改革不适应生产力需要的生产关系和上层建筑。

12 月 2 日 上午，约见胡耀邦、胡乔木、于光远，谈在中共中央工作会议闭幕会上的讲话稿问题。根据中央工作会议上出现的新问题，提出讲话稿的主要内容要转到反映真理标准问题、发扬民主问题、团结一致向前看的问题和经济管理体制问题上。此前，亲笔拟出讲话提纲："一、解放思想，开动机器。理论的重要。实践是检验真理的标准——争论的必要。实事求是，理论和实际相结合，一切从实际出发。全党全民动脑筋。二、发扬民主，加强法制。民主集中制的中心是民主，特别是近一时期。民主选举，民主管理（监督）。政治与经济的统一，目前一时期主要反对空头政治。权力下放。千方百计。自主权与国家计划的矛盾，主要从价值法则、供求关系（产品质量）来调节。三、向后看为的是向前看。不要一刀切。解决遗留问题要快，要干净利落，时间不宜长。一部分照正常生活处理。不可能都满意。要告诉党内外，迟了不利。安定团结十分重要，要大局为重。犯错误的，给机会。总结经验，改了就好。四、克服官僚主义、人浮于事。一批企业做出示范。多了人怎么办，用经济方法管理经济，扩大管理人员的权力。党委要善于领导，机构要很小。干什么？学会管理，选用人才，简化手续，改革制度（规章）。五、允许一部分先好起来。这是一个大政策。干得好的要有物质鼓励。国内市场很重要。六、加强责任制，搞几定。从引进项目开始，请点专家。七、新的问题。人员考核的标准。多出人员的安置（开辟新的行业）。"

12月5日　上午，约见胡乔木、于光远、林涧青，谈在中共中央工作会议闭幕会上的讲话稿问题，再次就讲话稿的主题、内容、文字和结构发表意见。在谈话中说：要解放思想，开动机器，一切向前看，否则四个现代化没有希望。应该允许出气，出气是对没有民主的惩罚。有了正常的民主，大字报也就少了。建立健全民主与法制，实行经济民主，用经济的办法管经济，责任到人，做到有职有责有权。没有民主培养不出人才。

12月9日　上午，约见胡乔木、于光远、林涧青，谈在中共中央工作会议闭幕会上的讲话稿的修改问题。认为稿子基本上可以了，但还需要加加工，并讲了具体修改意见。十一日上午，约见胡耀邦、于光远、林涧青，继续谈他在中央工作会议闭幕会上讲话稿的修改问题。之后，将修改稿送华国锋阅。①

这就是历史的本来面貌，是任何谎言都抹杀不了的。

（三）关于叶剑英在工作会议闭幕会上的讲话稿

前面提到，一位内地人在香港出的书上说，叶剑英同志的讲话是由该书作者和阮铭起草的，很快被通过；邓小平的讲话是由胡乔木起草的，没有被通过，找了别人另拟。实际情况恰恰是，邓小平同志的讲话仍由胡乔木参与另拟，而他们为叶剑英同志起草的稿子倒是由别人另拟的。我之所以这么说，是因为这件事正巧被我经历了。那是在12月12日，邓力群随袁宝华（时任国家经委主任）率领的代表团访问日本回来，叫我去他家取给胡乔木捎的东西。我是晚上去的，刚要离开，叶帅的女儿女婿叶向真、

———————
①《邓小平年谱（1975—1997）》（上），中央文献出版社2004年版，第415、432、445—446、448、449页。

刘诗昆进来，说中央党校为她父亲准备的讲话稿，由于会议的进展已不适用，他们和叶办的秘书又重新写了两个稿子（这也印证了胡乔木为邓小平同志准备的讲话稿之所以重写的真正原因——笔者注）。为了和小平同志的讲话稿保持一致，叶帅的稿子需要再做些修改。可明天就要讲话，时间太紧，所以叶帅让他们连夜赶来请力群同志帮助加加工。于是，我也被留了下来。夜里 12 点多钟，叶帅为示郑重，又亲自给邓力群同志打了个电话，说请他帮帮忙。邓力群把叶向真他们搞的五个部分调整为三个部分，即领导班子、民主与法制、解放思想，一直搞到 13 日凌晨 3 点。具体改了哪些我已记不得了，只记得我当时提出加的一句，即：资本主义国家的民主对无产阶级劳动人民是虚假的，但对资产阶级来说却是真实的，我们反对资产阶级民主，并不是不要民主，而是要占人口绝大多数的人的民主。后来看《叶剑英选集》，这个讲话仍是那三个部分，那句话也仍在上面。

由于当天已来不及送印厂排印，所以叶剑英同志在工作会议闭幕会上就是用那个稿子讲的。会后，叶帅要求在印发三中全会前一定要请乔木同志再改一下，于是稿子又送给了胡乔木。胡乔木除了在文字上加工润色外，又加了两段文字。一段是在领导班子部分讲个人与组织的关系，一段是在民主与法制部分讲国家生活的制度化、法律化。我现在看不到当年那份改稿，但看了《叶剑英选集》，仍可以看出哪些地方是胡乔木加的。

比如，稿子在讲到我们的各级领导干部不仅要有自知之明，而且要有知人之明，真正做到知人善任、任人唯贤时，胡乔木加了这样一段文字：

■　叶剑英在中共十一
届三中全会上

　　任何个人要完全做到有知人之明，完全做到知人善任、任人唯贤也是不可能的，因为个人都有他的局限性，这只有依靠党、依靠党和国家的健全的民主集中制才有可能。不然，我们的革命为什么需要党，需要依靠阶级和人民，需要民主集中制和群众路线？所以领导班子的问题是一个十分重要的问题，但不是一个孤立的问题，它不能离开我们整个党的建设的原则来解决。

　　另外，稿子在讲到林彪、"四人帮"践踏法制的恶果后，他又加了这样一些话：

检察机关和法院，在自己的工作中一定要忠实于法律和制度，忠实于事实真相，一定要保持应有的独立性，这样才能完成自己的神圣职责。我们一定要有一批大无畏的不惜以身殉职的检察官和法官，这样才能维护社会主义法制的威严。在人民自己的法律面前，一定要实行人人平等，不允许任何人有超于法律之上的特权。

为了确实保障人民的民主权利，巩固我们的政权，全国人民代表大会常务委员会要立即着手研究修改制订民法、诉讼法、刑法、婚姻法和各种经济法等等，尽快完善我国的法制。①

后来，胡乔木同志还要我通过叶选基转告叶帅，建议他在全国人大常委会委员长的任内，争取多搞出几部法律来。

（四）关于全会公报稿

中央工作会议临近结束时，12月10日下午，中央办公厅来电话，说华国锋主席约乔木同志去人大会堂谈话。当时我就猜，大概是谈三中全会公报的事。因为会上几个小组都向中央致信，提出秀才班子要改组，但全会马上要开，公报由谁负责起草的问题变得迫在眉睫。晚9点，胡乔木同志回宾馆，说了谈话情况，果然是请他主持起草公报。原来，中央办公厅研究室已搞了一个

① 《叶剑英选集》，人民出版社1996年版，第494—499页。

初稿，但鉴于会议发生了巨大变化，华国锋不放心，所以请胡乔木主持重搞。

那时，农业决定稿和邓小平同志讲话稿都还没有脱手，故公报的事胡乔木放了两天。在工作会议闭幕会后的第二天，也是会议结束的前一天，即12月14日下午，胡乔木召集开了个会，讨论公报问题，参加的有胡耀邦、于光远、胡绩伟和国务院研究室的林涧青、国家计委研究室的房维中、中央办公厅秘书局的周启才、王愈明。这个会我也去了，并作了简要记录。大家从中央办公厅研究室的那个稿子说起，分别提了些建议。

胡乔木说："这个稿子很长，看后印象不深，要大改，使公报真正反映出这个会是历史上的重大转折。"然后，他谈了对整个结构的设想，说："第一部分讲会议概貌；第二部分讲经济，包括工作重点转移、农业、计划等；第三部分讲政治，回顾揭批查运动，对揭批查的成果作个评价。这里要讲真理标准讨论问题，讲恢复了党的马克思主义路线，讲解决了一些重大历史遗留问题，然后再讲民主和法制，讲党内生活的制度化，讲成立了中纪委，讲对毛主席的评价，暗含地对'文化大革命'的问题也说一两句。最后，再用很少的话写人事上的几个决定。"

胡耀邦说："除了开头结尾外，搞四个部分，即经济、政治、思想、组织，都是围绕工作重点转移。"

胡乔木接着说："这样，公报可以答复世界上的很多问题，既使人家看到我们纠正了错误，又提高了党的威信，看到我们是有希望的。要把'四人帮'强加给毛主席的缺点错误加以清理，使毛泽东思想的旗帜更加鲜艳，解决目前群众中的思想混乱，从思想上把人民团结起来。"最后，他要林涧青他们先搞个初稿，16日给他，以便18日提交全会。

中央工作会议和全会中间，隔着两天时间。散会后，不是中央委员的就回去了，是中央委员的则留下来休息，等着开全会。胡乔木同志已被列入了全会补选中央委员的候选人名单，中央办公厅通知他列席全会，所以也留了下来。但他没有休息，而是一边加紧对农业决定稿作进一步修改，一边着手进行公报的起草工作。12月16日，胡乔木上午修改自己前一天在华东组的发言记录（即谈反对不适当地突出个人的那篇发言）；下午根据各组意见，对农业决定稿又作了一次修改，晚饭后让我交给了起草组的袁木同志，然后即开始看林涧青他们搞的公报初稿。他感到稿子写得不精彩，第二天上午再次召集会议，研究公报稿问题。18日全会开始，晚上林涧青他们拿出了第二稿，胡乔木找胡耀邦、于光远等同志又在一起议了一次。19日上午，于光远找林涧青来，按照胡乔木提出的意见，当场在文字上压缩了一次，然后交给了乔木同志。下午从2点开始，胡乔木闭门改公报稿，一口气改到晚上8点。由于改动较多，他的字又很小，所以让我抄了一遍。我10点抄完，交周启才同志送印厂排印。20日上午，清样印好送来，胡乔木又作了些修改，胡耀邦、于光远看后也提了些意见。中午，胡乔木没睡觉，改到1点半把我叫起来，将改稿发给华国锋同志。晚9点，华国锋请胡乔木、胡耀邦去人大会堂谈公报稿。11点，胡乔木回来，接着改公报稿。21日，胡乔木上午应邀去邓小平家谈《告台湾同胞书》的起草问题；下午4点，列

■ 胡乔木修改的中共十一届三中全会公报稿

席中央政治局讨论公报的会;晚上根据政治局讨论的意见,对公报进行再次修改,9点多改完,由我交给周启才印发。这样,公报草案终于赶在全会的最后一天,送到了与会者手上。

全会闭幕会上,代表们一致举手通过了公报草案。但由于晚上10点会议才结束,因此,当天已不可能发表公报。第二天,胡乔木同志根据会议简报组收集上来的新的意见,利用上午和午休的时间,对公报稿进行了最后的加工。下午1点半,他把改动的地方交给我抄。记得当时中央人民广播电台的记者刘振英也到我房间来抄,因为晚上要广播,他们急于拿到定稿。晚6点,中央政治局常委审完修改的地方,将稿子退回。(本来说好5点钟退回,由于邓小平改了一处,华国锋又要去看,所以迟了一小时——笔者注)刘振英同志把修改的地方在自己的稿子上相应改过后,立即返回广播电台。晚8点,公报在中央人民广播电台的各地人民广播电台联播节目中全文播出。

公报最后的结构与胡乔木同志当初的设想有些变化,但思路是一样的。开头讲会议概貌,以及通过的文件和人事决定。第一部分讲重点转移问题。第二部分讲经济问题,包括体制改革问题、解决重大比例失调问题、农业问题。第三部分讲解决历史遗留问题和健全民主与法制。第四部分讲思想路线,对真理标准讨论作出评价,讲正确对待毛主席和毛泽东思想。第五部分讲党的民主集中制,集体领导。其中除上面已引述过的内容外,还有以下一些精彩的段落:

> 实现四个现代化,要求大幅度地提高生产力,也就必

■ 中共十一届三中全会闭幕会上通过公报（1978 年 12 月 22 日）

然要求多方面地改变同生产力发展不适应的生产关系和上层建筑，改变一切不适应的管理方式、活动方式和思想方式，因而是一场广泛、深刻的革命。我们国内现在还存在着极少数敌视和破坏我国社会主义现代化建设的反革命分子和刑事犯罪分子，我们决不能放松同他们的阶级斗争，决不能削弱无产阶级专政。但是正如毛泽东同志所说，大规模的急风暴雨式的群众阶级斗争已经基本结束，对于社会主义社会的阶级斗争，应该按照严格区别和正确处理两类不同性质的矛盾的方针去解决，按照宪法和法律规定的程序去解决，决不允许混淆两类不同性质矛盾的界限，决不允许损害社会主义现代化建设所需要的安定团结的政治局面。全会要求全党、全军和全国各族人民同心同德，进一步发展安定团结的政治局面，并且立即动员起来，鼓足干劲，群策群力，为在本世纪内把我国建设成为社会主义的现代化强国而进行新的长征。

根据新的历史条件和实践经验，采取一系列新的重大的经济措施，对经济管理体制和经营管理方法着手认真的改革，在自力更生的基础上积极发展同世界各国平等互利的经济合作，努力采用世界先进技术和先进设备，并大力加强实现现代化所必需的科学和教育工作。

会议指出：一九七五年，邓小平同志受毛泽东同志委托主持中央工作期间，各方面工作取得很大成绩，全党、全军和全国人民是满意的。邓小平同志和中央其他领导同志一道，按照毛泽东同志的指示，对"四人帮"的干扰破坏进行了针锋相对的斗争。"四人帮"硬把一九七五年的政治路线和工作成就说成是所谓"右倾翻案风"，这个颠倒了的历史必须重新颠倒过来。会议指出：一九七六年四月五日的天安门事件完全是革命行动。以天安门事件为中心的全国亿万人民沉痛悼念周恩来同志、愤怒声讨"四人帮"的伟大革命群众运动，为我们党粉碎"四人帮"奠定了群众基础。全会决定撤销中央发出的有关"反击右倾翻案风"运动和天安门事件的错误文件。

会议对民主和法制问题进行了认真的讨论。会议认为社会主义现代化建设需要集中统一的领导，需要严格执行各种规章制度和劳动纪律。资产阶级派性和无政府主义必须坚决反对。但是必须有充分的民主，才能做到正确的集中。由于在过去一个时期内，民主集中制没有真正实行，离开民主讲集中，民主太少，当前这个时期特别需要强调民主，强调民主和集中的辩证统一关系，使党的统一领导和各个生产组织的有效指挥建立在群众路线的基础上。在人民内部的思想政治生活中，只能实行民主方法，不能采取压制、打击手段。要重申不抓辫子、不扣帽子、不打棍子的"三不主义"。各级领导要善于集中人民群众的正确意见，对不正确的意见进行适当的解释说服。宪法规定的公民权利，必须坚决保障，任何人不得侵犯。

为了保障人民民主，必须加强社会主义法制，使民主制度化、法律化，使这种制度和法律具有稳定性、连续性和极大的权威，做到有法可依，有法必依，执法必严，违法必究。从现在起，应当把立法工作摆到全国人民代表大会及其常务委员会的重要议程上来。检察机关和司法机关要保持应有的独立性；要忠实于法律和制度，忠实于人民利益，忠实于事实真相；要保证人民在自己的法律面前人人平等，不允许任何人有超于法律之上的特权。

会议高度评价了关于实践是检验真理的唯一标准问题的讨论，认为这对于促进全党同志和全国人民解放思想，端正思想路线，具有深远的历史意义。一个党，一个国家，一个民族，如果一切从本本出发，思想僵化，那它就不能前进，它的生机就停止了，就要亡党亡国。

■ 1978 年 12 月 24 日《人民日报》刊登的中共十一届
三中全会公报

　　会议着重指出：毛泽东同志在长期革命斗争中立下的伟大功勋是不可磨灭的。如果没有他的卓越领导，没有毛泽东思想，中国革命有极大的可能到现在还没有胜利，那样中国人民就还处在帝国主义、封建主义、官僚资本主义的反动统治之下，我们党就还在黑暗中苦斗。毛泽东同志是伟大的马克思主义者。他对于包括自己在内的任何人，始终坚持一分为二的科学态度。要求一个革命领袖没有缺点、错误，那不是马克思主义，也不符合毛泽东同志历来对自己的评价。党中央在理论战线上的崇高任务，就是领导、教育全党和全国人民历史地、科学地认识毛泽东同志的伟大功绩，完整地、准确地掌握毛泽东思想的科学体系，把马列主义、毛泽东思想的普遍原理同社会主义现代化建设的具体实践结合起来，并在新的历史条件下加以发展①。

　　整个公报高屋建瓴、气势磅礴，它不仅在当时对全党全国人民进行新的长征起到了巨大的鼓舞作用，而且今天读起来仍然令人豪情满怀，意气风发。

　　公报发表的那天晚上，我把要办的事都办完后，离开了入住已45天的京西宾馆。在回家的路上，我看时间快到8点了，便请司机师傅打开了车里的收音机。《歌唱祖国》的乐曲之后，传出了播音员广播十一届三中全会公报的声音。那声音铿锵有力，充满自信。此时此刻，我感到它就像节奏优美欢快的进行曲一

────────────

①《三中全会以来重要文献选编》（上），人民出版社1982年版，第4—5、5—6、9—10、10—11、12—13页。

样，伴随着汽车飞快地行驶在夜幕下的长安大街上。

（五）关于华国锋在全会闭幕会上的讲话稿

12 月 21 日晚上 10 点多，周启才同志送来华国锋在全会闭幕会上的讲话稿，说华主席请乔木同志帮助改改。因为第二天就要用，所以胡乔木当即修改，用了一个小时改好。除了文字改动外，他还在原稿中关于对毛泽东同志的评价部分加了很长一段话，大意是说，现在解决的历史遗留问题很多都与毛主席有关，许多问题的错误处理是他同意过的，因此会议公报公布和会议内容传达后，党内外肯定会有人围绕毛主席的评价问题发议论。公报及小平同志和其他中央领导的讲话、谈话，已指明了对待这一问题的正确态度。缺点错误对任何一个伟大领袖都是不可避免的，承认这些，无损于毛主席的伟大功勋。纠正历史上的错误，正是为了把毛主席的旗帜举得更高。

结束语

十一届三中全会及其之前的中央工作会议的情况，我知道的大致就是这些。

如果有人问我，你讲了这么多情况，能不能用几句话概括一下这次会议的主要成果？对此，十一届六中全会通过的《关于建国以来党的若干历史问题的决议》有过一个归纳。它一共讲了八条，即：一、结束了1976年10月以来党的工作在徘徊中前进的局面，开始全面地认真地纠正"文化大革命"中及其以前的"左"倾错误；二、坚决批判了"两个凡是"的错误方针，充分肯定了必须完整地、准确地掌握毛泽东思想的科学体系；三、高度评价了关于真理标准问题的讨论，确定了解放思想、开动脑筋、实事求是、团结一致向前看的指导方针；四、停止使用了"以阶级斗争为纲"的口号，作出了把工作重点转移到社会主义现代化建设上来的战略决策；五、提出了注意解决好国民经济重大比例严重失调的要求，制订了关于加快农业发展的决定；六、着重提出了健全社会主义民主和加强社会主义法制的任务；七、审查和解决了党的历史上一批重大冤假错案和一些重要

领导人的功过是非问题；八、增选了中央领导机构的成员。在列
举了这八大成果之后，《决议》写道："这些在领导工作中具有重
大意义的转变，标志着党重新确立了马克思主义的思想路线、政
治路线和组织路线。"如果把这些再归纳一下，我认为三中全会最
重要的成果可以说有两个：第一是重新确立了党的马克思主义的路
线，第二是形成了以邓小平为核心的党的第二代中央领导集体。

先说第二代中央领导集体的形成。

邓小平同志在 1989 年 6 月十三届四中全会前夕曾说过："党的
十一届三中全会建立了一个新的领导集体，这就是第二代的领导
集体。在这个集体中，实际上可以说我处在一个关键地位。"① 第二
代领导集体里有哪几个人呢？我于 1998 年第一次在当代中国研究
所谈我所知道的十一届三中全会时，曾作过一个分析。我说：当
时，中央常委一共六个人，主席是华国锋，副主席是叶剑英、邓
小平、李先念、陈云、汪东兴。那时已否定了"两个凡是"的方
针，中央工作的主导权实际已从华国锋手中转移到了邓小平手中。
另外，汪东兴同志已在会议期间作了书面检查，提出了辞职的请
求，并且在不久后召开的五中全会上被批准了辞职。到了六中全
会，华国锋同志又提出请求辞去中央主席和中央军委主席职务，
并得到会议同意。因此，邓小平所讲的三中全会上建立的新的中
央领导集体，是指也只能是指邓小平、陈云、叶剑英和李先念。
后来看到 2004 年出版的《邓小平年谱》，其中有邓小平在十三届
四中全会之后与金日成会面时的谈话，证实了我当年的那个分析。

①《邓小平文选》第 3 卷，人民出版社 1993 年版，第 309 页。

邓小平同志说："从我们党的十一届三中全会以后，开始产生了第二代领导集体，包括我在内，还有陈云同志、李先念同志，还有叶帅。"[1]

在粉碎"四人帮"以后，全党全国人民，包括老干部，确实是真心诚意拥护华国锋同志的。因为，他是毛主席指定的接班人，年纪又相对轻一些，如果他能领导我们党拨乱反正，乘胜前进，纠正毛主席晚年的错误，克服"左"的指导思想，平反各种冤假错案，恢复党的优良传统和作风，那是再好不过了。但是，从 1976 年 10 月至 1978 年底，他的所作所为辜负了大家的期望。

■ 邓小平（前排左三）同叶剑英（前排左二）、李先念（前排右一）、陈云（前排左一）在中共十二届一中全会上（1982 年 9 月 12 日）

[1]《邓小平年谱（1975—1997）》（下），中央文献出版社 2004 年版，第1295 页。

从粉碎"四人帮"之后不久，他就离开了全党全国人民的迫切愿望，推行和迟迟不改正"两个凡是"的错误方针，实际上是要把毛主席晚年"左"的错误照搬下去；压制1978年开展的对拨乱反正具有重大意义的关于真理标准问题的讨论；在干部方针上，对大批受迫害、有能力的老同志的解放和使用不积极、不热情、不公正，拖延和阻挠一些老干部工作的恢复和历史上冤假错案平反（包括邓小平复出和"天安门事件"平反）的进程，只依靠少数几个人形成的小班底发号施令；在对待个人的问题上，热心于制造和接受新的个人崇拜，大搞挂像、颂歌、题词一类突出个人的东西，颠倒了个人与党与人民的关系。所以，十一届六中全会所作的"历史决议"在评价粉碎"四人帮"后头两年的工作时指出："很明显，由他来领导纠正党内的'左'倾错误特别是恢复党的优良传统，是不可能的。"①

那时，报纸、文件上都称"英明领袖华主席"，"华主席、党中央"。陈云在1977年3月中央工作会议那篇要求平反天安门事件、恢复邓小平工作的发言，一开始也有这么一句："英明领袖华主席领导我党一举粉碎'四人帮'反革命集团，这是我们党的一个伟大胜利，对中国革命具有伟大的历史意义。"党的十二大以后，有关部门要把他这篇发言收入文集，考虑到是公开出版，提出把"英明领袖"几个字删去。我请示陈云同志，他说："不要删。我当时确实是那么讲的，那是历史。不过，我只'英明'了那么一次，以后就不再'英明'了。"他的意思是说，他当时

---

① 《三中全会以来重要文献选编》（下），人民出版社1982年版，第820—821页。

对华国锋同志确实是寄予希望的，不过自从那次会议上，看出来这个人不行，以后再也没说过"英明领袖"了。他的话，反映了许多老同志对华国锋同志的认识过程。所以，从十一届三中全会之后，党内要求调整华国锋同志职务的呼声越来越强烈。大家普遍认为，他在粉碎"四人帮"的问题上是有功的，担任党中央主席的职务以来也做过一些有益工作，但显然缺乏作为中央主席和中央军委主席所必要的政治能力和组织能力。

十一届六中全会之前，中央政治局于 1980 年 11 月 10 日至 12 月 5 日，连续召开了九次会议，主要议题就是讨论、批准向六中全会提出的人事更动方案。会议决定：同意华国锋辞去中央主席、中央军委主席职务，选举胡耀邦为中央主席，邓小平为中央

■ 邓小平（中）、陈云（右）、李先念于 1982 年 8 月 14 日在陈云住地商议新一届中央领导机构的人事安排事宜（作者 摄）

军委主席。对此，耀邦同志在会上的讲话中有一个说明。他说：党的主席，按照全党、全国人民的心愿来说，应该是小平同志担任，这叫做众望所归。但小平同志申述了由他当不好的理由，几位老同志也都主张不由其他70岁以上的同志担任，这确实是站得高、看得远、想得深。几位老同志提名由我担任党的主席，我万万没有想到，这不是谦虚，确实是不够格。今后不管谁当，只要几位老同志健在，特别是小平同志，都是我们党的领导核心里的核心人物。他的这番话，可以说反映了全党的看法。事实证明，改革开放的伟大事业之所以能冲破各种艰难险阻、不断发展，三中全会上形成的以邓小平为核心的第二代中央领导集体，起到了最为重要的保证作用和承上启下的作用。

再说三中全会的路线。

对十一届三中全会的路线，曾有过各种各样的表述。会议结束不久，邓小平同志在理论工作务虚会上的讲话中第一次提到路线问题，不过那时是讲，三中全会对十一大制定的路线"作了一些必要的调整"。到了1979年7月，邓小平同志在接见海军党委常委扩大会议代表时，明确提出了"三中全会的政治路线和思想路线"①的概念；并且说：党的思想路线和政治路线已经确立，还没有解决的是组织路线问题，组织路线是保证政治路线贯彻落实的，解决组织路线的问题也已提到议事日程上来了。同年9月，叶剑英委员长代表党中央、人大常委会和国务院所作的庆祝建国30周年大会上的讲话又指出：为了保证实现四个现代化的政治路

---

① 《邓小平文选》第2卷，人民出版社1994年版，第192页。

线，必须继续"认真解决好思想路线和组织路线问题"①。1980 年
1 月，邓小平同志在中央干部会议上作的《目前形势和任务》的
报告中，重申了"三中全会明确地确立我们党的思想路线、政
治路线"的提法。同年 2 月，邓小平同志在五中全会上的讲话中
说："从党的十一大以来，特别是经过三中全会、四中全会，逐
步地确定了现阶段党的政治路线。三中全会确立了或者说重申了
党的思想路线。三中全会以后，党中央考虑，不进一步解决党的
组织路线问题，政治路线、思想路线就得不到可靠的保证。"② 随
后，五中全会公报使用了"三中全会和四中全会所确定的党的政
治路线、思想路线和组织路线"③ 的提法。1981 年 6 月，六中全
会通过的"历史决议"进一步明确指出，三中全会"标志着党重
新确立了马克思主义的思想路线、政治路线和组织路线"④；六中
全会公报上更出现了"三中全会以来党的正确路线和方针政策"⑤
的提法。1982 年党的十二大仍然沿用了六中全会的这个提法，直
到 1987 年党的十三大。十三大报告提出了社会主义初级阶段的
基本路线，即"一个中心、两个基本点"；但它同时指出，这是
"十一届三中全会以来党的路线的新发展"⑥。

　　尽管过去对十一届三中全会所确立的路线曾有过这样或那样
的表述，但意思都差不多，都是指我们党在十一届三中全会和会

---

① 《三中全会以来重要文献选编》（上），人民出版社 1982 年版，第 236 页。
② 《邓小平文选》第 2 卷，人民出版社 1994 年版，第 275 页。
③ 《三中全会以来重要文献选编》（上），人民出版社 1982 年版，第 437 页。
④ 《三中全会以来重要文献选编》（下），人民出版社 1982 年版，第 821 页。
⑤ 《三中全会以来重要文献选编》（下），人民出版社 1982 年版，第 848 页。
⑥ 《十三大以来重要文献选编》（上），人民出版社 1991 年版，第 15 页。

后所形成及不断丰富的马克思主义的思想路线、政治路线和组织路线。从十一届三中全会公报上看，这条路线的主要内容是：在思想上，要完整准确地掌握毛泽东思想的科学体系，在马列主义、毛泽东思想的指导下，解放思想，研究新事物、新问题，坚持实事求是，一切从实际出发。在政治上，要把全党工作重点和全国人民的注意力转移到社会主义现代化建设上来，根据新的历史条件和实践经验，对经济体制和经营管理方法着手改革，在自力更生的基础上积极发展同世界各国的经济合作，努力采用世界先进技术和先进设备；同时，不放松同极少数反革命分子和刑事犯罪分子的阶级斗争，不削弱无产阶级专政，不允许损害安定团结的政治局面。在组织上，要健全党的民主集中制，健全党规党法，严肃党纪，强调党中央和各级党委的集体领导，保障党员在党内对上级领导直至中央常委提出批评意见的权利，党的各级领导干部必须带头严守党纪。对于政治路线，当时虽然没有概括为"一个中心、两个基本点"，但这个基本意思显然已经有了。特别是三中全会之后，邓小平同志紧接着作了《坚持四项基本原则》的重要讲话，中央明确提出了实行改革开放的总方针，"一个中心、两个基本点"的意思更加凸显出来。

另外，三中全会之后，党的组织路线也有进一步的发展，主要内容就是要使干部队伍在政治合格的前提下，做到年轻化、知识化、专业化，并使选拔中青年干部的工作制度化。前面说到，邓小平、陈云等老一代革命家主张华国锋同志不宜再任党中央主席职务，同时主张70岁以上的老同志都不接任这个职务，由年纪相对轻一些的同志担任，就充分体现了这条组织路线的精神。

1979 年 3 月，陈云同志在国务院财经委员会第一次会议上说：全国解放时的领导干部都快要"告老还乡"了，因此要找一到五个四五十岁的干部到财经委员会工作。不是当秘书，而是当"后排议员"。"要有一些'后排议员'，这些人参与讨论问题，参与决定大政方针的事。培养这样的人，我看很有必要。"① 到了同年 10 月各省、市、自治区党委第一书记座谈会上，他再次建议由年纪相对轻一些的同志组成中央书记处，说这是国家的大计，党的利益。如果组织上不采取这样的步骤，我们的工作推不动。过了四个月，五中全会上终于成立了中央书记处，他又在会上指出："现在从中央到县委，大部分人头发都已经白了。所以，有它的紧迫性，有它的必要性。现在我们主动地来选择人才，还有时间，再等下去，将来就没有时间了。党的交班和接班的问题，在国际共产主义运动中间，在我们中国党内，有过痛苦的教训，这一点，我不说大家也知道。"② 会上，邓小平同志在讲话中还专门论述了这个问题与三中全会路线之间的关系，指出："当前最重要的还是选好接班人。从中央起，我们各级党委，特别是老同志，一定要时刻不忘严肃地对待这个问题，承担起这个庄严的责任。时间紧迫，再不及早妥善解决这个问题不行。"③

为了推动中央各部和省委地委解决领导班子年龄老化的问题，陈云同志于 1981 年 5 月利用在杭州休息的时间，写了题为《提拔培养中青年干部是当务之急》的意见书。十一届六中全会

①《陈云文选》第 3 卷，人民出版社 1995 年版，第 258 页。
②《陈云文选》第 3 卷，人民出版社 1995 年版，第 269 页。
③《邓小平文选》第 2 卷，人民出版社 1994 年版，第 280 页。

后，中央把各省、市、自治区的党委书记留下来开了三天会，专门讨论陈云同志的这份意见书。陈云同志就有关问题作了说明，进一步强调了成千上万提拔中青年干部的必要性和紧迫性。接着，邓小平同志讲话。他说："去年十二月中央工作会议以后，陈云同志更尖锐地提出这个问题。他提得非常好，我赞成。原来我们还是手脚小了一点，陈云同志提出，选拔中青年干部不是几十、几百，是成千上万。成千是个形容词，上万是实质，实际上是一万、两万、几万。"① 他还说："我和陈云同志交过心的，老实说，就我们自己来说，现在叫我们退，我们实在是心里非常愉快的。当然，现在还不行。我们最大的事情是什么？国家的政策，党的方针，我们当然要过问一下，但是最大的事情是选拔中青年干部。我们两个人的主要任务是要解决这个问题。"②

与选拔中青年干部问题相关联的，当时还有一个如何正确对待知识分子的问题。1980 年 2 月的十一届五中全会上，陈云同志在讲到选择合格的年轻干部时就曾提出，还要培养一批技术干部到各级领导机关里。在同年 12 月中央工作会议上，他讲到实现干部"四化"问题时又指出："我们有大专学校毕业生和自学的技术人员共几百万人，他们经过了一二十年的实际工作的锻炼。必须肯定，七十年代、八十年代的技术水平，应该来之于这些五十年代、六十年代水平的技术骨干。"③ 在 1981 年 5 月关于中青年干部问题的那份意见书中他又写道："提拔培养中青年干部，

---

① 《邓小平文选》第 2 卷，人民出版社 1994 年版，第 385 页。
② 《邓小平文选》第 2 卷，人民出版社 1994 年版，第 388 页。
③ 《陈云文选》第 3 卷，人民出版社 1995 年版，第 281 页。

必然涉及对知识分子的态度。十年内乱时期把知识分子说成是'臭老九',这种观点虽然已经受到批判,但是,党在知识分子中发展党员、提拔干部的政策远远没有实现。我们应该看到,没有老干部不能实现四化,没有大批知识分子参加到我们党的干部队伍中来,也决不能建成现代化的新中国。"① 在他的建议下,中组部向中央作出了加强在中年知识分子中发展党员的报告,并成立了经济技术干部局。

在大力推动干部年轻化的同时,陈云同志反复强调,一定要坚持德才兼备的标准,而且要把德放在第一位,把好政治标准这一关,"文化大革命"期间的三种人一个也不能提拔,已经提拔的必须从领导班子中清除出去。他说:不能只看他们一时表现好,他要爬上来,现在只能表现好。但到了气候适宜的时候,党内有什么风浪的时候,这些人就会变成能量很大的兴风作浪的分子。他还特别提醒大家:"培养执笔的、写文章的中青年,选择的时候要特别注意,要特别谨慎。一是必须培养能写文章的人,党内没有能写文章的人不行;二是必须培养既能写,又有德,德才兼备的人。……找胡乔木这样的人不容易。拿笔杆子的人,能写文章的人,选择的时候要特别注意。"② 他还说:"干部队伍的革命化、年轻化、知识化、专业化、制度化,仍然是我们在干部政策上的大方针。"③ 对于陈云同志的意见,邓小平同志十分赞成,他在 1980 年 8 月中央政治局扩大会议上说:"陈云同志提出,我

①《陈云文选》第 3 卷,人民出版社 1995 年版,第 295—296 页。
②《陈云文选》第 3 卷,人民出版社 1995 年版,第 302 页。
③《陈云文选》第 3 卷,人民出版社 1995 年版,第 281 页。

们选干部，要注意德才兼备。所谓德，最主要的，就是坚持社会主义道路和党的领导。在这个前提下，干部队伍要年轻化、知识化、专业化，并且要把对于这种干部的提拔使用制度化。这些意见讲得好。"[①] 在 1982 年 1 月 13 日中央政治局讨论机构精简的会议上他又说："人一定要选好。还是老话，要坚决贯彻陈云同志讲的几条，几种人不能放进去啊！"[②]

在邓小平、陈云等老一代革命家的推动下，中央于 1980 年、1982 年先后作出《关于设置顾问的决定》和《关于建立老干部退休制度的决定》，给优秀中青年干部走上领导岗位创造了必要条件。此后，一批又一批的中青年干部被充实到了各级领导班子，干部"四化"成了不可逆转的历史趋势。所有这些，都从组织上进一步巩固了对三中全会路线的确立。

只要是尊重事实的人都可以看得很清楚，十一届三中全会所确定的这条路线，实质是社会主义制度的自我完善和发展，是要在坚持四项基本原则、加强精神文明建设的前提下，通过改革开放，促使生产力不断发展，实现社会的全面进步，最大限度地满足人民的物质需要和精神需要，巩固和发展社会主义制度；而不是相反，要搞什么指导思想的多元化、经济制度的私有化、政治体制的西方化，使中国走上资本主义道路，融入世界资本主义的体系。或者再概括一点说，就是"一个中心，两个基本点"。关于这个问题，邓小平同志在 1989 年讲得很清楚。他说："十三大确定了'一个中心、两个基本点'的战略布局。我们十年前就是这样提

---

①《邓小平文选》第 2 卷，人民出版社 1994 年版，第 326 页。
②《邓小平文选》第 2 卷，人民出版社 1994 年版，第 400 页。

出的，十三大用这个语言把它概括起来。"①我认为搞清楚这一点十分重要，因为只有这样，才能搞清楚什么叫十一届三中全会的路线，什么叫坚持十一届三中全会以来的路线不动摇。

现在有一种现象，就是在谈论十一届三中全会和十一届三中全会以来的历史时，只讲解放思想，只讲一个中心和改革开放，不讲甚至反对讲坚持四项基本原则，而且谁主张在改革开放中坚持社会主义方向，谁就被骂成是极左，是保守派，是要改变三中全会路线；而那些实际上要扭转改革的社会主义方向从而改变三中全会路线的人，反倒自我标榜为"三中全会路线的维护者"，是"改革派"，是"思想解放的先锋"。其实，类似现象早在三中全会结束后不久就出现了。正因为如此，邓小平同志在理论工作务虚会上专门就坚持四项基本原则的问题作了长篇讲话。他指出："社会上有极少数人正在散布怀疑或反对这四项基本原则的思潮，而党内也有个别同志不但不承认这种思潮的危险，甚至直接间接地加以某种程度的支持。虽然这几种人在党内外都是极少数，但是不能因为他们是极少数而忽视他们的作用。事实证明，他们不但可以而且已经对我们的事业造成了很大的危害。"②

历史已经证明并在继续证明，邓小平当年的分析是极具远见的。他在十一届五中全会上就说过：三中全会确立了党的马克思主义的思想路线，但"离开坚持四项基本原则，就没有根，没有方向，也就谈不上贯彻党的思想路线"。"我们讲解放思想，是指在马克思主义指导下打破习惯势力和主观偏见的束缚，研究新

①《邓小平文选》第 3 卷，人民出版社 1993 年版，第 345 页。
②《邓小平文选》第 2 卷，人民出版社 1994 年版，第 166 页。

情况，解决新问题。解放思想决不能够偏离四项基本原则的轨道，……离开四项基本原则去'解放思想'，实际上是把自己放到党和人民的对立面去了。"① "在一些同志的思想中也确实存在着混乱，例如有人认为，坚持四项基本原则会妨碍解放思想，健全社会主义法制会妨碍社会主义民主，对错误意见进行正确的批评是违反'双百'方针，等等。"② 后来，他在 1985 年、1987 年、1992 年又多次说过："我们党的十一届三中全会决定实行开放政策，同时也要求刹住自由化的风，这是相互关联的问题。"③ "如果不坚持这四项基本原则，纠正极左就会变成'纠正'马列主义，'纠正'社会主义。"④ "在改革中坚持社会主义方向，这是一个很重要的问题。"⑤ "很多人只讲现代化，忘了我们讲的现代化是社会主义现代化。……这些是一九七八年我们党的十一届三中全会以来一直这样讲的，从来没有变过。我们只是坚持既定的方针、政策，坚持原来的路线。" "国外有些人过去把我看作是改革派，把别人看作是保守派。我是改革派，不错；如果要说坚持四项基本原则是保守派，我又是保守派。"⑥ 就在他 1992 年春天视察南方时的谈话，也是《邓小平文选》最后一篇文稿中，他仍然明确告诫我们："在整个改革开放的过程中，必须始终注意坚持四项基本原则。十二届六中全会我提出反对资产阶级自由化还要搞二十

①《邓小平文选》第 2 卷，人民出版社 1994 年版，第 278—279 页。
②《邓小平文选》第 2 卷，人民出版社 1994 年版，第 364 页。
③《邓小平文选》第 3 卷，人民出版社 1993 年版，第 124 页。
④《邓小平文选》第 3 卷，人民出版社 1993 年版，第 137 页。
⑤《邓小平文选》第 3 卷，人民出版社 1993 年版，第 138 页。
⑥《邓小平文选》第 3 卷，人民出版社 1993 年版，第 209 页。

年，现在看起来还不止二十年。资产阶级自由化泛滥，后果极其严重。特区搞建设，花了十几年时间才有这个样子，垮起来可是一夜之间啊。"①

改革开放以来，尤其近些年来，国内外少数资产阶级自由化分子和国外敌对势力遥相呼应，总是试图胁迫和引诱中国放弃四项基本原则。他们要么模糊社会主义和资本主义的区别，提出改革无所谓方向问题，市场经济没有社会主义和资本主义之分；要么主张以所谓民主社会主义、人民社会主义、人道社会主义、民生社会主义、市场社会主义或社会民主主义等等，来取代中国特色社会主义。一些不谙世事的人可能会以为，接受他们的主张会使中国人过上欧洲发达国家的那种生活，殊不知，这些主张的实质，恰恰是要遏制中国的进一步发展和壮大。

世界上的发展中国家，绝大多数都是实行市场经济的，也是对外开放的。但为什么唯独中国在改革开放以来实现了连续30年的快速发展，取得了举世瞩目的成就，被国外一些评论家称赞为"中国模式"、"中国道路"或"北京共识"？如果说这其中有什么奥妙的话，最大的奥妙恐怕就在于四项基本原则与改革开放的结合。从一定意义上可以说，"一个中心、两个基本点"这条党的十一届三中全会的路线，在理论上的展开就是中国特色社会主义理论体系，在实践上的展开就是中国特色社会主义道路。我们要高举中国特色社会主义伟大旗帜，要坚持中

---

① 《邓小平文选》第 3 卷，人民出版社 1993 年版，第 379 页。

■ 邓小平（右四）视察南方（1992年2月）

国特色社会主义理论体系和中国特色社会主义道路，说到底，就是要始终全面坚定地坚持把以经济建设为中心同四项基本原则、改革开放这两个基本点统一于发展中国特色社会主义的伟大实践。

对于改革开放为什么只能在坚持四项基本原则的前提下进行，而不能离开这四项原则的道理，邓小平在1985年曾作过一个精辟的阐述。他说："中国根据自己的经验，不可能走资本主义道路。道理很简单，中国十亿人口，现在还处于落后状态，如果走资本主义道路，可能在某些局部地区少数人更快地富起来，形成一个新的资产阶级，产生一批百万富翁，但顶多也不会达到人口的百分之一，而大量的人仍然摆脱不了贫穷，甚至连温饱问题都不可能解决。只有社会主义制度才能从根本上解决摆脱贫穷的问题。所以我们不会容忍有的人反对社会主义。"①"如果我们不坚持社会主义，最终发展起来也不过成为一个附庸国，而且就连想要发展起来也不容易。"②"坚持四项基本原则的核心，是坚持党的领导。我们多次讲过，在中国这样一个大国，没有共产党的领导，必然四分五裂，一事无成。"③"历史经验证明，刚刚掌握政权的新兴阶级，一般来说，总是弱于敌对阶级的力量，因此要用专政的手段来巩固政权。对人民实行民主，对敌人实行专政，这就是人民民主专政。运用人民民主专政的力量，巩固人民的政权，是正义的事情，没有什么输理的地方。"④他还说："我们为社会主义奋斗，不但是因为社会主义有条件比资本主义更快地发展生产力，而且因为只有社会主义才能消除资本主义和其他剥削制度所必然产生的种种贪婪、腐败和不公正现象。"⑤

江泽民同志在 1989 年也对为什么中国只能坚持四项基本原则而不能走资本主义道路进行过深刻的论证。他指出："在改革开放问题上，实际上存在着两种截然不同的主张。"要求中国"全盘西化"的人所主张的"改革开放"的实质，"就是资本主义化，就是把中国纳入西方资本主义体系。""当前四项基本原则和资产阶级自由化的尖锐对立，可以说在很大程度上表现在改革开放要不要坚持社会主义方向的这个问题上。""如果今后不坚持社会主义，而是像有人主张的那样退回去走资本主义道路，用劳动人民

①《邓小平文选》第 3 卷，人民出版社 1993 年版，第 207—208 页。
②《邓小平文选》第 3 卷，人民出版社 1993 年版，第 311 页。
③《邓小平文选》第 2 卷，人民出版社 1994 年版，第 358 页。
④《邓小平文选》第 3 卷，人民出版社 1993 年版，第 379 页。
⑤《邓小平文选》第 3 卷，人民出版社 1993 年版，第 143 页。

的血汗去重新培植和养肥一个资产阶级，在我国人口众多、社会生产力水平很低的情况下，只能使大多数人重新陷入极其贫困的状态。这种资本主义，只能是原始的、买办式的资本主义，只能意味着中国各族人民再度沦为外国资本和本国剥削阶级的双重奴隶。总之，正如毛泽东同志和邓小平同志所指出的，只有社会主义才能救中国，只有社会主义才能发展中国。"[1]

党的十七大报告在总结我国改革开放 30 年的历史进程时，提出了十大结合，并把它们定性为我们这样一个十几亿人口的发展中大国摆脱贫困、加快实现现代化、巩固和发展社会主义的宝贵经验。胡锦涛同志在《继续把改革开放伟大事业推向前进》一文中说，这十个结合中，"前三条是管总的，揭示了我国改革开放取得成功的关键和根本"[2]。这三条分别是：第一，把坚持马克思主义基本原理同推进马克思主义中国化结合起来；第二，把坚持四项基本原则同坚持改革开放结合起来；第三，把尊重人民首创精神同加强和改善党的领导结合起来。可见，把坚持四项基本原则同坚持改革开放相结合，是改革开放取得成功的关键和根本。

2009 年是新中国成立 60 周年，党的十一届三中全会刚好处在新中国这 60 年的中间。它既是一个拨乱反正的会，也是一个承上启下、继往开来的会。它上承的是前 30 年所建立的社会主义基本制度，所取得的社会主义建设成就，所探索的社会主义建设规律，所形成的自力更生、艰苦奋斗的精神；下启的是

---

[1]《十三大以来重要文献选编》（中），人民出版社 1991 年版，第 618、615 页。
[2]《求是》2008 年第 1 期，第 4 页。

后 30 年的改革开放乃至未来中华民族的伟大复兴。它是一个里程碑，标志着我们党的历史转折和共和国新的历史时期的开始；它是一尊巨鼎，铭刻着我们党的第二代中央领导集体在克服毛泽东同志晚年错误的同时带领全党全国人民高举毛泽东思想伟大旗帜继续前进的业绩；它是一把号角，鼓舞着中华民族为实现现代化宏伟目标而进行新的长征；它是一座灯塔，照耀着中国特色社会主义的巨轮驶向胜利的航程。它和我们党的遵义会议一样，必将永载史册。

再版后记

2018 年是党的十一届三中全会召开和改革开放 40 周年，当代中国出版社决定将 10 年前出版的拙著《我所知道的十一届三中全会》再版，并嘱可以利用这个机会作些补充修改。过去 10 年里，我曾利用本书第四次印刷和被纳入政府精品工程译成英文出版的机会，对个别文字错讹和不够准确之处作过订正，也对个别内容作过补充。这次除作少量文字和史实订正、补充外，对结束语中谈到的几个问题也产生了一些新的想法。不过，本书是 2008 年前写的，所有认识都应截至那个时间，否则既不符合历史唯物论原则，也会破坏本书述事的完整性。于是，想到写一篇再版后记，把根据近 10 年形势发展变化引出的新思考放入其中。

当我在本书结束语论述十一届三中全会成果时，曾说到三中全会路线的实质，四项基本原则和解放思想的关系，以及改革开放的方向等问题。我说：

> 现在有一种现象，就是在谈论十一届三中全会和十一届三中全会以来的历史时，只讲解放思想，只讲一个中心和改革开

放，不讲甚至反对讲坚持四项基本原则，而且谁主张在改革开放中坚持社会主义方向，谁就被骂成是极左，是保守派，是要改变三中全会路线；而那些实际上要扭转改革的社会主义方向从而改变三中全会路线的人，反倒自我标榜为"三中全会路线的维护者"，是"改革派"，是"思想解放的先锋"。

我还说：

改革开放以来，尤其近些年来，国内外少数资产阶级自由化分子和国外敌对势力遥相呼应，总是试图胁迫和引诱中国放弃四项基本原则。他们要么模糊社会主义和资本主义的区别，提出改革无所谓方向问题，市场经济没有社会主义和资本主义之分；要么主张以所谓民主社会主义、人民社会主义、人道社会主义、民生社会主义、市场社会主义或社会民主主义等等，来取代中国特色社会主义。一些不谙世事的人可能会以为，接受他们的主张会使中国人过上欧洲发达国家的那种生活，殊不知，这些主张的实质，恰恰是要遏制中国的进一步发展和壮大。

针对上述言论，我又写道：

只要是尊重事实的人都可以看得很清楚，十一届三中全会所确定的这条路线，实质是社会主义制度的自我完善和发展，是要在坚持四项基本原则、加强精神文明建设的前提下，通过改革开放，促使生产力不断发展，实现社会的全面进步，最大限度地满足人民的物质需要和精神需要，巩固和发展社会主义制度；而不是相反，要搞什么指导思想的多元化、经济制度的私有化、政治体制的西方化，使中国走上资本主义道路，融入世界资本主义的体系。搞清楚这一点十分重要，因为只有这样，才能搞清楚什么叫十一届三中全会的路线，什么叫坚持十一届三中全会以来的路线不动摇。

我还写道：

世界上的发展中国家，绝大多数都是实行市场经济的，也是对外开放的。但为什么唯独中国在改革开放以来实现了连续30年的快速发展，取得了举世瞩目的成就，被国外一些评论家称赞为"中国模式"、"中国道路"或"北京共识"？如果说这其中有什么奥妙的话，最大的奥妙恐怕就在于四项基本原则与改革开放的结合。从一定意义上可以说，"一个中心、两个基本点"这条党的十一届三中全会的路线，在理论上的展开就是中国特色社会主义理论体系，在实践上的展开就是中国特色社会主义道路。我们要高举中国特色社会主义伟大旗帜，要坚持中国特色社会主义理论体系和中国特色社会主义道路，说到底，就是要始终全面坚定地坚持把以经济建设为中心同四项基本原则、改革开放这两个基本点统一于发展中国特色社会主义的伟大实践。

现在 10 年过去了，各种曲解十一届三中全会路线、歪曲改革开放的声音虽然仍时有出现，但比起当年的气势显然弱多了。尤其党的十八大以来，舆论环境发生了很大变化，明目张胆攻击四项基本原则的言论，在互联网上仍未绝迹，但在报纸刊物上已经基本看不到了。个中原因固然有多方面，但我认为最重要和最根本的原因在于，以习近平同志为核心的党中央不仅旗帜鲜明地强调中国特色社会主义道路、理论、制度、文化是依据共产主义、社会主义的理想而确立的，改革开放的方向是不断推动社会主义制度的自我完善和发展，各级党委对涉及政治性、原则性、导向性的问题要敢于亮剑、敢抓敢管、正面交锋，并且指导有关部门真抓真管，不断构建导向正确、风清气正的舆论环境。

习近平总书记指出："我们的改革开放是有方向、有立场、有原则的"。"我们的改革是在中国特色社会主义道路上不断前进的改革，既不走封闭僵化的老路，也不走改旗易帜的邪路。"[①] "不实行改革开放死路一条，搞否定社会主义方向的改革开放也是死路一条。在方向问题上，我们头脑必须十分清醒。我们的方向就是不断推进社会主义制度的自我完善和发展，而不是对社会主义制度改弦易张。"[②] "改革是社会主义制度的自我完善和发展，怎么改、改什么，有我们的政治原则和底线，要有政治定力。"[③] "我国改革开放之所以能够取得巨大成功，关键是我们把党的基本路线作为党和国家的生命线，始终坚持把以经济建设为中心同四项基

---

① 《习近平关于全面深化改革论述摘编》，中央文献出版社 2014 年版，第 14 页。
② 《习近平关于全面深化改革论述摘编》，中央文献出版社 2014 年版，第 15 页。
③ 《习近平关于全面深化改革论述摘编》，中央文献出版社 2014 年版，第 49 页。

本原则、改革开放这两个基本点统一于中国特色社会主义伟大实践。"① 他还针锋相对地说："一些敌对势力和别有用心的人也在那里摇旗呐喊、制造舆论、混淆视听，把改革定义为往西方政治制度的方向改，否则就是不改革。他们是醉翁之意不在酒，'项庄舞剑，意在沛公'。对此，我们要洞若观火，保持政治坚定性，明确政治定位。"② "我们不断推进改革，是为了推动党和人民事业更好发展，而不是为了迎合某些人的'掌声'，不能把西方的理论、观点生搬硬套在自己身上。"③ 正是包括上述内容的习近平新时代中国特色社会主义思想，校正了党和国家的前进航向，澄清了在改革问题上的各种模糊和错误的认识，促使有关党委和部门夺回了一度失守的某些舆论阵地。

如果说 10 年前，十一届三中全会刚好处在新中国 60 年历史正中间的话，那么 10 年后的今天，它已经处在了新中国近 70 年历史的前半部分了。就是说，在以这次会议为界划分出的改革开放前后两个历史时期中，后一个历史时期已经大大超过了前一个历史时期。改革开放初期，我们党曾对改革开放前的历史进行过深刻总结，分析了其中的成就和失误，明确了其中的经验和教训，为推动改革开放提供了有益借鉴。现在，既然改革开放后的历史占到了新中国历史的大头，我们就应当而且也有充分条件将改革开放前后两个历史时期联系起来审视，将新中国近 70 年的

---

① 《习近平关于全面深化改革论述摘编》，中央文献出版社 2014 年版，第 14 页。
② 《习近平关于全面深化改革论述摘编》，中央文献出版社 2014 年版，第 19 页。
③ 《习近平关于协调推进"四个全面"战略布局论述摘编》，中央文献出版社 2015 年版，第 69 页。

历史经验贯通总结、融汇吸收。

党的十八大后，习近平总书记作出改革开放前后两个历史时期都是进行社会主义实践探索的科学论断，明确反对和纠正把这两个历史时期互相割裂和对立的任何偏向，为我们正确认识这两个时期的关系和贯通总结运用这两个时期的经验，提供了理论依据。在党的十九大上，他又宣布中国特色社会主义进入了新时代。这表明新中国历史在党的十八大后，开启了一个与改革开放历史既有联系又有区别的新阶段，为我们站在新的历史起点和更高的历史方位上统一审视近70年的历史，贯通总结改革开放前后两个历史时期的经验，给予了重要启示。只要回顾一下这五年多来出台的八项规定、进行的整治"四风"、开展的"打虎拍蝇"，以及统筹推进"五位一体"总体布局、协调推进"四个全面"战略布局、贯彻新发展理念、执行经济建设稳中求进总基调，加强意识形态领域工作和精神文明建设等等举措，人们都不难看出统一审视、贯通总结前后两个历史时期经验在其中的作用。实践告诉我们，只要在以习近平同志为核心的党中央领导下继续认真总结历史经验，从而不断校正前进航向，党的十一届三中全会所开辟的改革开放之路，就一定会越走越宽广；中华民族的伟大复兴之日，就一定会离我们越来越接近。

戊戌年谷雨
于三己斋